www.tredition.de

AF186318

Dieses Buch widme ich *allen* Kriegsmüttern,

sie sind die tatsächlichen Heldinnen des Krieges,

denn Sie haben uns, ihre Kinder, heil und gesund

durch die Wirrungen dieses schrecklichen Krieges geleitet.

Nicht alle haben es überstanden!

Rita Winz

Kindheit - Flucht - Wiederkehr

Ist es Heimweh? Ich weiß es nicht..........

www.tredition.de

Umschlaggestaltung, Illustration: Matthias Winz, Alexander Winz
Lektorat, Korrektorat: Katharina Döhler, Margit Flack
weitere Mitwirkende: Alexander Winz, Matthias Winz

Verlag: tredition GmbH, Hamburg
ISBN: 978-3-8495-7097-2
Printed in Germany

Bibliografische Information der Deutschen Nationalbibliothek:
Die Deutsche Nationalbibliothek verzeichnet diese Publikation in
der Deutschen Nationalbibliografie; detaillierte bibliografische Daten sind im Internet über http://dnb.d-nb.de abrufbar.

1949

Ich war neun Jahre alt, als der Krieg über unsere Familie hereinbrach. Wir (meine Eltern, meine 3 Brüder und ich) lebten damals in einem kleinen Dorf in Pommern, das sich unweit der damaligen polnischen Grenze befand. Umgeben von Wäldern und Seen war dieser Ort für uns ein idealer Spielplatz. Hier wuchsen wir glücklich und unbeschwert auf. Es war kein großes Dorf. Rechts und links neben der einzigen Straße standen ca. 12-15 Häuser - große wuchtige Bauerngehöfte und daneben kleine, schon ein wenig windschiefe und sicher schon sehr alte Katen. Einige unserer Spielkameraden wohnten in diesen Katen. Aber wir haben gern bei ihnen zu Hause gespielt. Es war dort sehr friedlich, aber auch ein wenig gruselig in diesen alten Häusern mit den kleinen Fenstern. In vielen Häusern war die Küche auch gleichzeitig das Wohnzimmer, wo in einer gemauerten Nische der Wasserkessel über dem offenen Feuer hing. Eine Petroleumlampe spendete zum Abend hin Licht. Die großen Bauergehöfte waren von einer hohen Steinmauer aus Feldsteinen umgeben, so dass für Unbefugte der Zugang und Blick auf den Innenhof versperrt waren. Riesige Stall- und Wirtschaftsgebäude vervollständigten diese Anlagen.

Wir Kinder, neugierig wie wir waren, kletterten manchmal auf die Mauer. Heftiges Hundegebell empfing uns dann, doch im

Schutze der hohen Mauer fühlten wir uns sicher. Diese großen Bauernhäuser waren alte aus Holz gebaute Bauwerke. Mit ihren strohgedeckten, lang herunter gezogenen Dächern wirkten sie sehr wuchtig aber auch irgendwie gemütlich.

Für uns Kinder waren sie jedoch unheimlich und düster. Etwas Gespenstisches ging von ihnen aus. Betreten durften wir sie nie, schließlich waren wir ja nur Kinder von Tagelöhnern.

Mein Elternhaus, die linke Seite des Hauses bewohnten wir. In meiner Kindheit sah das Haus schöner aus. Unsere Wohnung hingegen wirkte viel heller und freundlicher; wir hatten damals schon elektrischen Strom. Gekocht wurde bei uns aber auch noch auf dem Kohleherd. Für uns Kinder war es jedes Mal ein Fest, wenn der große Backofen im Garten angeheizt wurde. Es war der Tag, an dem Brot und Kuchen in großen Mengen gebacken wurden. Wir Kinder schleppten Holz, Reisig und auch Äpfel heran, denn es gab dann immer herrlich schmeckende Bratäpfel. Für die Frauen, so auch für unsere Mutter, war dieser Tag sehr anstrengend. Der Teig für das Brot musste in großen Holzbottichen (Molle) geknetet, die Brote mussten geformt und der Kuchenteig musste zubereitet und auf Bleche gebracht werden. Wir Kinder durften uns bisweilen aus dem Kuchen- und Brotteig kleine Figuren formen, welche dann mit in den großen Backofen geschoben wurden. Nichts schmeckte so gut wie unsere selbst hergestellten, noch warmen kleinen Kunstwerke. Ich formte am liebsten kleine Tiere oder Obst.

Da unser Vater schon sehr früh zum Militär eingezogen worden war, musste unsere Mutter allein für unseren Lebensunterhalt sorgen, was für sie nicht leicht war. Meine Mutter und wir Kinder vermissten unseren Vater sehr. Wenn er in regelmäßigen Abständen auf Urlaub nach Hause kam, waren wir überglücklich. Papa musste dann immer Mittag kochen, hatte er uns doch erzählt, dass er für seine Kompanie in einer Feldküche kocht. Am liebsten hätten wir auch so eine Feldküche gehabt. Wir löcherten Papa mit unseren Fragen, wir wollten alles ganz genau wissen. Während seines Urlaubs reparierte er unsere Schuhe und schnitt meinen Brüdern die

Haare, manchmal auch mir. In einem kleinen Dorf wie unserem musste jeder alles können. In unserer Wohnung gab es dieses und jenes zu reparieren, auch im Schuppen und im Stall. Wir hielten, wie es auf dem Dorf üblich war, zur Selbstversorgung Vieh – Ziegen, ein Schwein, ein paar Hühner, Gänse und auch Enten. Fleisch und Wurst zu kaufen, war für uns meistens unerschwinglich. Im Garten wurde Obst und Gemüse angebaut. Wenn Papa Urlaub hatte, wurde auch für das Brennholz gesorgt, das für das tägliche Kochen auf dem Herd und im Winter zum Heizen benötigt wurde. Mit unserem Papa wollten wir natürlich immer so viel Zeit wie möglich verbringen. Wir besuchten dann ganz oft mit ihm unsere Großeltern. Sie wohnten in einem alten Haus mitten im Wald. Hier gab es für meine Brüder und mich immer sehr viel zu entdecken, manchmal sahen wir Rehe oder auch Hasen, die über den Acker hoppelten. Am schönsten aber war der Heimweg durch den dunklen Wald. Wir versuchten dann jedes Mal, Glühwürmchen fangen, was uns allerdings nie gelang. Seit meiner Kindheit habe ich nie wieder Glühwürmchen gesehen…

Für uns war es die schönste Zeit, wenn Papa zu Hause war. Doch leider ging sein Urlaub immer viel zu schnell zu Ende. Zog Papa seine Uniform wieder an, gab es viele Tränen, und alle dachten an den Krieg. Papa fuhr ja weit weg, und dort, wo er hinfuhr, war der Krieg. Irgendwo in weiter Ferne! Papa war weg, und für unsere Mutter und uns Kinder ging das Leben in unserem kleinen Dorf weiter. Und auch ich hatte meine großen und kleinen Pflichten zu erfüllen. Dazu gehörte, dass ich abends unsere Gänse und Enten vom See holen musste. Mir kam es so vor, als wüssten sie immer ganz genau, wenn es zurück in den Stall gehen sollte. Jedes Mal stürzte sich das Federvieh dann in den See und schwamm schnell zur anderen Seite. Doch es half ihm nichts, denn meine Brüder kannten schon alle Tricks, und so landeten die Enten und Gänse doch immer wieder im Stall. Die Tiere durften auf keinen Fall im Freien bleiben, denn Füchse und streunende Hunde warteten nur darauf, sich eine fette Mahlzeit zu holen, und ein Tier zu verlieren, wäre für uns ein zu hoher Verlust gewesen.

Da es keine Wasserleitung gab, musste das Wasser aus dem Brunnen geholt werden. Im Sommer wuschen wir uns im See. Auch die Wäsche wurde von unserer Mutter im See gewaschen, mit Waschbrett, Bürste und Kernseife. Auf der Wiese wurde die große Wäsche dann zum Trocknen und Bleichen ausgebreitet. Meine Aufgabe war es, dafür zu sorgen, dass die Gänse, Enten und Hühner nicht über die Wäsche liefen.

Der Sommer war auch die Zeit des Torfstechens. Die Bauern fuhren mit ihren Knechten in die Torfstiche, so wurden die Moore genannt, wo Torf abgebaut wurde. Auch meine Brüder mussten dabei immer mithelfen, als Lohn bekamen sie dann etwas Torf, der als Brennmaterial zum Heizen in den kalten Wintermonaten und zum Kochen diente. Das Torfstechen war eine sehr schwere Arbeit. Der Torf wurde angestochen, in Formen gepresst und dann zum Trocknen in Hocken gesetzt, die sehr gut durchlüftet werden mussten.

Es war wieder einmal Sommer, und wir hatten Ferien. Wir Kinder, egal ob Bauern- oder Arbeiterkinder, spielten immer gemeinsam. Unser liebster Spielplatz war der Dorfteich. Er war Treffpunkt für uns alle. Wir kleineren Kinder planschten und kreischten im seichten Wasser am Ufer, die größeren vergnügten sich mit einem Kahn, den die Bauernkinder mitgebracht hatten. Sie tauchten und tobten in der Mitte des Sees. Nach einiger Zeit übermütigen Tobens hatten wir Kleinen keine Lust mehr, stiegen aus dem Wasser und legten uns auf unsere Decken. Doch plötzlich stellten wir fest: Walterchen ist nicht mehr da! Walterchen war mein Cousin. Er war etwas behindert, da er ein Bein und eine Hand nicht richtig bewegen konnte. Das störte uns jedoch nicht im Geringsten, und so war er immer dabei, wenn es zum Spielen ging…

Aber wo war er jetzt? Wir sprangen auf, liefen am Ufer entlang und riefen seinen Namen, alle schrien durcheinander. Die großen Kinder wurden auf uns aufmerksam und kamen zurück ans Ufer. Die Jungen tauchten im flacheren Wasser - nichts. Eines der Kinder lief zu meiner Tante, aber da war er auch nicht. Die Nachricht von

Walterchens Verschwinden verbreitete sich wie ein Lauffeuer im Dorf.

Die Burschen des Dorfes - Bauernsöhne und Arbeitersöhne - sowie die von der deutschen Wehrmacht im Dorf zwangsverpflichteten Polen, von denen die Männer als Knechte und die Frauen als Mägde bei den Bauern arbeiteten, kamen mit ihren Kähnen und langen Stangen, um bei der Suche zu helfen. Sie tauchten und stakten nun im tieferen Wasser. Das halbe Dorf hatte sich am See eingefunden und wartete, und wartete....

Wir kleineren Kinder standen, an unsere Mütter geklammert, völlig verstört da und starrten mit weit aufgerissenen Augen auf unseren See. Endlich, nach schier unendlich langem Warten hatten sie Walterchen gefunden – er war tot. Jeder Versuch, Walterchen wieder ins Leben zurückzurufen, blieb ohne Erfolg. Ein junger Mann nahm den leblosen Körper auf seine Arme, und ein fassungsloser, trauriger Zug von Menschen begleitete ihn bis zum elterlichen Hof. Walterchens Mutter, meine Tante Lene, konnte alles noch nicht fassen, sie war starr vor Schreck. Ihr Gesichtsausdruck wurde urplötzlich ganz fahl, keine Regung war zu erkennen – er zeigte nur reine Leere. Meine Tante war hochschwanger, etwas Schlimmeres hätte ihr in diesem Zustand nicht passieren können. Sie war wie gelähmt und nicht imstande, das nun Erforderliche zu tun. Unsere Mutter und andere Frauen aus dem Dorf nahmen ihr deshalb viele der traurigen Pflichten ab. So musste der tote Junge gewaschen und das Totenhemd genäht werden, was meine Mutter übernahm. Der Sarg wurde vom Schreiner gefertigt. Mit Totenhemd wurde Walterchen nun in den Sarg gelegt und noch einige Tage im Haus aufgebahrt. Da es Sommer war, mussten viele große Gefäße mit nassem Sand im Zimmer aufgestellt werden, um den Raum kühl zu halten. Eine Beerdigungsinstitut, wir es heute kennen, gab es bei uns auf dem Lande damals nicht.

Meine Mutter hat während dieser ganzen Zeit versucht, mich von Walterchen fern zu halten. Ich konnte es immer noch nicht begreifen, dass er die Augen nie mehr aufmachen würde. Es war der erste Tote, den ich gesehen habe. Tagelang weinte ich mich abends in den Schlaf. Später erzählte meine Mutter, dass Walterchen auch sie noch nächtelang in ihren Träumen verfolgt hat.

Nach diesem schrecklichen Unglück hatte der See, unser schönster Spielplatz, nur noch etwas Unheimliches an sich. Wir jüngeren Kinder glaubten, dass im See ein Ungeheuer wohnt, das Walterchen ins tiefe Wasser gezogen hat. Wir liefen nach diesem Unglück nur noch still herum, kein lautes Toben war mehr zu hören. Wir hatten unseren kleinen Freund verloren.

Die Ferienzeit war zu Ende, wir mussten wieder zur Schule. Zum See gingen wir nicht mehr spielen. Keiner von uns ahnte, dass es der letzte Sommer unserer unbeschwerten glücklichen Kindheit gewesen sein sollte...

Dieses Foto meiner Mutter und drei ihrer Kinder wurde im Sommer 1947 aufgenommen. Einer meiner Brüder fehlt darauf. Meine Brüder gingen in den Ferien zu den Großbauern, um Kühe zu hüten. Sie wurden dafür den ganzen Tag verpflegt, und wenn sie abends nach Hause gingen, erhielten sie eine Kanne Milch, manchmal etwas Butter und in ganz seltenen Fällen auch mal ein Brot. Für meine Mutter war das eine große Hilfe, konnte sie doch damit die ewig hungrigen Mäuler ihrer Jungen viel leichter stopfen.

Die Zeit verging, und langsam verblasste der Schmerz über den schrecklichen Tod unseres Walterchens. Die Tage wurden kürzer, es war Herbst geworden. Unsere Schule lag genau in der Mitte zwischen den beiden Dörfern Platenheim und Groß-Platenheim, so dass die Kinder beider Dörfer einen gleich langen Schulweg hatten. Wir nahmen immer den kürzesten Weg, damit wir mehr rumtrödeln konnten, der uns entweder am Feldrand entlang, oder wenn die Felder abgeerntet waren, querfeldein führte. Wir gingen über Wiesen, sprangen über Wassergräben und manchmal fielen wir auch hinein. Vom Lehrer mussten wir uns dann die mahnenden Worte anhören, es nicht wieder zu tun. Doch beim nächsten Mal war alles wieder vergessen. Wir hatten nur einen Lehrer. In einem Klassenraum wurden gleichzeitig alle 8 Klassen unterrichtet. Das ist heute kaum vorstellbar, aber es funktionierte. Unser Lehrer verstand es, jedem etwas beizubringen.

Während meiner Schulzeit habe ich sehr schöne Tage verlebt. Ich hatte eine Cousine, Rosemarie, die so alt war wie ich. Sie wohnte in Groß-Platenheim in einem abseits vom Dorf gelegenen Forsthaus und ging deshalb auch in unsere Schule. Mein Onkel war höherer Forstbeamter. Rosemarie wurde meistens von einem Forsteleven - Forstfacharbeiter würde man heute sagen – mit einer kleinen Kutsche und im Winter mit einem Schlitten zur Schule gebracht. Ich freute mich immer riesig, wenn ich mit ins Forsthaus durfte. Es war eine ganz andere Welt für mich. Das Forsthaus hatte viele große Zimmer – bei uns zu Hause gab es ja nur zwei kleine Stübchen - mit viel Platz zum Spielen. Am geheimnisvollsten aber war der Dachboden. Dort standen alte Kisten und riesige Truhen, für Rosemarie und mich die reinsten Fundgruben. Wir stöberten darin herum, zogen uns die alten Kleider von früher an und stolzierten wie Hofdamen darin herum. Es war einfach herrlich. In der großen Küche meines Onkels sorgten eine Köchin und die Hausmädchen, die auch für die Ordnung und Sauberkeit in den anderen Räumen verantwortlich waren, für das Essen. Es war Luxus pur, den ich von zu Hause her nicht kannte. Deshalb freute ich mich immer sehr, wenn ich in den Schulferien mit meinen Brüdern eine ganze Woche dort verbringen durfte. Täglich gingen wir dann zum nahegelegenen See, um Krebse zu fangen. Da wir darin schon recht geübt waren, brachten wir auch sehr häufig Krebse mit heim, die die Köchin dann für uns kochen musste. Wir genossen dieses Festmahl, schließlich hatten wir es uns selbst gefangen. Das schmackhafteste Fleisch saß in den Scheren und in den Schwänzen. Auch zu den kleinen Rehkitzen zog es uns immer wieder hin. Doch am meisten hatte es uns aber der Fuchs in seinem großen Gehege angetan. Um zum Gehege zu gelangen, brauchte man nur dem Gestank nachzugehen. Wir ärgerten den Fuchs immer so lange, bis er sich schließlich in seinem Fuchsbau verzog. Heute würde ich das natürlich nicht mehr machen, aber als Kind denkt man über sein Handeln oft nicht nach. Wenn wir im Forsthaus waren, wollten wir auch Oma und Opa besuchen. Wir sollten aber nicht allein dorthin gehen, denn der Weg führte durch den Wald und jeder, der das Märchen vom Rotkäppchen kennt, weiß, dass Kinder im Wald vorsichtig sein sollen. Wieder einmal wollten wir unseren Großeltern einen Besuch abstatten, doch der Forsteleve hatte an diesem Tag keine Zeit, deshalb erhielt jeder von uns einen Hund als Begleiter. Mein Onkel dressierte neben seiner beruflichen Tätigkeit als Förster auch Hunde. Wir gingen also los, der Weg ja nicht weit. Es ging auch alles gut, bis die Hunde ein Wildtier entdeckten. Sie zogen und zerrten an den Leinen und rissen uns schließlich zu Boden. Letztendlich ließen wir die Leinen los, und die Hunde stürmten davon. Jegliches Schreien und Rufen war zwecklos, wahrscheinlich waren die Hunde unsere kleinen zarten Stimmen nicht gewöhnt, hatten sie doch bei der Dressur derben, tiefen Männerstimmen Folge zu leisten. Wir mussten nun ohne die Hunde unseren Weg fortsetzen. Als wir bei Oma und Opa ankamen, warteten die Hunde schon auf uns... Die schöne Zeit im Forsthaus ging leider immer viel zu schnell zu Ende. Die Schule begann wieder und damit auch jeden Tag der „alte Trott".

Im Winter, wenn es sehr kalt war und viel Schnee lag, holten die Bauern ihre großen Schlitten aus der Remise, spannten die Pferde an und brachten ihre Kinder zur Schule. Wir Arbeiterkinder durften dann mitfahren. Es war ein Freudentag für uns alle und wir hatten jede Menge Spaß. Bei uns in Pommern gab es immer viel Schnee. Wir hatten zwar keinen Schlitten, dafür aber die schönsten Rutschbahnen. Als Schlittenersatz dienten kleine und große Bretter, Waschschüsseln und vieles mehr. Wir Kinder waren da sehr erfinderisch. Unser Wunsch, einen eigenen Schlitten zu besitzen, erfüllte sich jedoch schneller als wir dachten. Mein Vater hatte einen Kriegskameraden, der wohl recht betucht - also reich - war. Eines Tages erhielten wir ein großes Paket und einen großen Schlitten. Wir Kinder waren sprachlos, als wir gemeinsam das Paket auspackten: es enthielt jede Menge Spielsachen und Süßigkeiten, unsere Freude kannte keine Grenzen. Mein Vater und sein Kamerad hatten sich in ihren trostlosen Armeeunterkünften viel über ihr Zuhause, ihre Familien und ihre Sehnsucht unterhalten. Dieser Kriegskamerad musste ein großes Herz für Kinder gehabt haben. Uns hat er mit seinen Geschenken sehr, sehr glücklich gemacht.

Leider haben wir diesen großzügigen Menschen nie kennengelernt. Mit unserem großen Schlitten haben wir die Winterzeit jetzt doppelt genossen. Der Winter verging.

Im späten Frühjahr erhielt unsere Mutter in einem Schreiben die Nachricht, dass mein Bruder und ich zur Erholung an die Ostsee verschickt werden sollen. Absender war die nationalsozialistische Gemeinschaft „Kraft durch Freude". Nach kurzer Überlegung sagte meine Mutter zu uns, dass wir abgeholt, in einen Zug gesetzt und in ein Kinderheim nach Kolberg gebracht würden. Dort angekommen, wurde jedem, streng getrennt nach Jungen und Mädchen, ein Bett in einem großen Schlafsaal zugewiesen. Da ich noch klein war und das erste Mal weit weg von Zuhause, klammerte ich mich an meinen Bruder und weinte jämmerlich. Man hatte wohl Mitleid mit mir, und so durfte ich die erste Nacht neben meinem Bruder im Schlafsaal der Jungen schlafen. Morgens wurden wir sehr zeitig geweckt, hatten dann nur sehr wenig Zeit, uns etwas anzuziehen. Bei vielen Kindern reichte sie nicht einmal zum Anziehen des zweiten Schuhs. Danach ging es direkt zum Strand zur Morgengymnastik Es war bitterkalt. Wir, bekleidet nur mit Unterwäsche und manchmal auch nur einem Schuh, mussten dann ca. 20 Minuten Sport treiben. Anschließend ging es in die Waschräume, wo es meistens nur kaltes Wasser gab. Das Essen hingegen war im Allgemeinen recht gut. Nur die Kapern, die in fast jedem Mittagessen waren, störten, so dass ich sie jedes Mal aus dem Essen fischte und fein säuberlich an den Tellerrand legte. Das war ein Fehler, wie sich später herausstellte. Die Betreuerin hatte uns ganz genau beobachtet. Nachdem wir mit dem Essen fertig waren, kam sie zu uns, tat alle Kapern wieder auf einen Löffel, wir mussten dann den Mund aufmachen und alles runterschlucken. Aber es konnte uns in den ersten Tagen auch passieren, dass wir mit leerem Magen vom Tisch aufstehen mussten. Kinder sind ja im Allgemeinen lebhaft und verspielt, auch am Mittagstisch. Dort spielten wir mit unserem Besteck, aber wehe, wenn uns dabei ein Teil aus den Händen fiel. Sofort wurde unser Teller abgeräumt, wir mussten den Essensaal verlassen und bis zur nächsten Mahlzeit warten, ehe wir unsere leeren Mägen wieder füllen konnten. Bekamen wir Kinder ein Päckchen von zu Hause, durften wir es zwar öffnen, danach wurde der Inhalt jedoch an alle Kinder verteilt. Weinen galt als verpönt, und so mussten wir bis zum Abend warten, ehe wir unserem Kummer freien Lauf lassen konnten. Wir waren froh und überglücklich, als diese Wochen endlich vorüber waren und wir nach Hause fahren konnten. Von Erholung war weit und breit nichts zu spüren! Wir wollten unsere Mutter gar nicht mehr loslassen, als sie uns in ihre Arme schloss. Endlich konnten wir uns wieder frei bewegen, spielen und toben wann und wo wir wollten. Doch im Dorf hatte sich eine „irgendwie komische" Stimmung breit gemacht.

Immer häufiger fiel nun das Wort Krieg. Ich konnte mit diesem Wort nichts anfangen. Mein Vater war ja auch im Krieg. Aber was war Krieg? Drei Monate später wusste ich was Krieg bedeutet.

Mein Vater während seiner Militärzeit als Koch

Im Sommer und Herbst jenes Jahres hatten wir unseren Vater nicht gesehen. Es kam auch keine Post. Den Grund dafür erfuhren wir dann Mitte Dezember 1944. Wir erhielten einen Brief, aber nicht von unserem Papa, in dem stand…

Mein Vater während seiner Militärzeit als Koch

Sehr geehrte Frau Anna L…!

Leider müssen wir Ihnen mitteilen, dass Ihr Ehemann, der Obergefreite Paul L… vom schweren Kampf nicht zurückgekehrt ist. Sollten Sie noch Fragen haben, stehen wir Ihnen zur Verfügung.

Heil Hitler

Gez. Unterschrift

Meine Mutter stand, wie versteinert da. Erst nach Stunden brachen sich die Tränen Bahn. Wir ahnten, dass etwas Furchtbares in diesem Brief stehen musste. Dicht ancinandergeschmiegt standen wir bei unserer Mutter und weinten auch. Mit leiser und schleppender Stimme hörten wie sie sagen: „Nun habt ihr keinen Papa mehr.". „…vom schweren Kampf nicht zurückgekehrt…" bedeutete ja wohl, dass er tot ist. Auf Anfrage meiner Mutter bei der Dienststelle erhielt sie folgende Antwort:

Dienststelle   O.U., den 3.1.1945
Feldp. Nr. 09 272 A

    Frau

    ████████████████████████

    Platenheim.
    Krs. Bütow i.Pom.

    Liebe Frau ████████
    Wir haben Ihren Brief vom 26. 12. 44 erhalten und sind gern
    bereit, Ihnen soweit Auskunft über den Verbleib Ihres Mannes
    zu geben, als es uns möglich ist.
    Wie bereits in unserem Schreiben v. 2 v. Mts. mitgeteilt, war
    Ihr Mann als Pionier in den schweren Kämpfen bei Langerwehe
    Reg. Bez. Aachen eingesetzt. Wir haben sofort von uns aus Nach-
    forschungen eingeleitet, die aber leider erfolglos geblieben
    sind. Auch die mit Ihrem Mann zusammen gewesenen Soldaten kön-
    nen keine Angaben machen; Wir nehmen daher an, dass er in Ge-
    fangenschaft geraten ist.
    Wir hoffen daher zuversichtlich mit Ihnen, dass Sie recht bald
    ein Lebenszeichen von Ihrem Mann erhalten.
    Wir grüssen Sie mit

                            Heil Hitler!

                        Leutnant u. Komp. Führer.

Meine Mutter stand nun mit uns vier Kindern allein da. Die harte Faust des Krieges hatte unbarmherzig zugeschlagen. Weihnachten stand vor der Tür, doch diesmal ging kein Papa mit uns in den Wald, um den schönsten Weihnachtsbaum zu holen. Es wurde ein einsames, trauriges Fest. Meine Tante und meine Cousine Klein-Helga, die im gleichen Dorf wohnten, waren bei uns. Die Menschen rückten enger zusammen. Jedoch merkten wir Nach und nach, dass die Leute aus dem Dorf immer weniger wurden - auch unsere Lehrer waren nicht mehr da. Die Schule wurde geschlossen, was uns Kinder natürlich nicht so sehr betrübte, denn wer ging schon gern zur Schule?!

Was aber sollte nun mit uns Zurückgebliebenen werden? Wir Arbeiterfamilien hatten weder Pferd noch Wagen. Sollten wir uns zu Fuß auf den Weg machen? Doch wohin sollte es dann gehen? Oder bleiben wir doch lieber hier? Die noch verbliebenen Familien beschlossen: wir bleiben! Um uns für den Ernstfall zu wappnen, schafften wir Holz, Bretter, Decken u.a. Material mit Schlitten (es war ja Winter) und Handkarren in den nahegelegenen Wald. Alle - Frauen, junge Burschen und auch wir Kinder – begannen nun, Unterkünfte und provisorische Hütten zu bauen. Wir schafften Stroh, Heu und Lebensmittel dorthin. Nun waren wir vorbereitet, wenn es ernst werden sollte. Ansonsten lebten wir weiter in unseren

Wohnungen. Die Erwachsenen verbrachten viel Zeit vor dem Radio, um die Nachrichten und Durchsagen zu hören.

Der Großbauer unseres Dorfes hatte sein Gehöft in einer Nacht- und Nebelaktion mit seinen Leuten verlassen. Das Vieh hatten sie in den Stallungen gelassen. Die Schweine schrieen vor Hunger, die Kühe brüllten, da sie gemolken werden wollten. Meine Brüder öffneten die Stalltüren und ließen das Vieh heraus. Zwei der Kühe haben wir von nun an gefüttert, meine Mutter hat sie dann gemolken, und so hatten wir jeden Tag frische Milch. Eines Morgens wachten wir auf und trauten unseren Augen nicht: Der ganze Hof und der Garten war voller Menschen und Pferdewagen. Diese Menschen sahen ganz anders aus als wir. Sie waren kleinwüchsiger, schwarzhaarig und hatten eine dunklere Haut als wir. Ihre Sprache war anders. Was waren das für Menschen? Waren sie auch auf der Flucht? Oder waren sie schon die Vorhut der immer näher rückenden russischen Armee? Wir sollten es nicht erfahren. Die Fremden waren aber friedlich, schlachteten nur ein paar Schweine, davon liefen ja genug herum, und waren nach zwei Tagen genau so schnell mit ihren Panjewagen und Ponys wieder verschwunden, wie sie gekommen waren. Dennoch lebten seitdem alle in Angst und Schrecken.

Panische Angst um unser Leben haben meine Tante und ich am eigenen Leibe zu spüren bekommen. Wir mussten unser Wasser immer von einem Ziehbrunnen holen, der sich ein Stück vom Haus entfernt im Obstgarten befand. Als wir eines Tages wieder einmal Wasser holten, hörten wir plötzlich das Brummen von Flugzeugen über uns. Es waren Tiefflieger, die fast über unseren Köpfen hinwegflogen. Was hatte das zu bedeuten? Meine Tante stieß mich hinter den Brunnen, der hohe Brunnenringe hatte, und das gerade noch rechtzeitig, denn die Soldaten in den Tieffliegern hatten uns vermutlich schon entdeckt, da sie anfingen, uns zu beschießen. Wir rutschten immer weiter um den Brunnen herum und versuchten, den Deckel über uns zu ziehen. Es gab keine andere Möglichkeit, diesem Angriff zu entkommen. Wir wagten einen Blick zum Himmel und sahen die Soldaten in ihren Fliegern, die immer wieder auf uns zielten. Welcher Nationalität diese Flieger waren, vermochten wir nicht zu erkennen. Endlich zogen sie ab, wir waren noch einmal mit dem Leben davongekommen. Das also war nun der Krieg, bei dem auf wehrlose Frauen und Kinder geschossen wurde! Im Ort wurden es immer weniger Menschen. Alle, die über Pferd und Wagen verfügten, hatten inzwischen das Dorf verlassen.

Für die deutsche Wehrmacht muss unser Dorf aber ein strategisch guter „Schlupfwinkel" gewesen sein, denn eines Tages rückte sie mit ihren Fahrzeugen hier ein. Für meine Brüder und die anderen Jungen im Dorf begann damit eine interessante und aufregende Zeit: Die vielen LKW, Geländewagen, Kübelwagen und Beiwagenkrafträder zogen sie in ihren Bann und ließen beim Betrachten ihr Herz höher schlagen. Die Soldaten hatten nichts dagegen, dass sie sich alles anschauten, sie erklärten und zeigten ihnen, wie die Maschinen funktionierten und beantworteten die vielen Fragen der Jungen. Die Wehrmacht richtete sich in unserem Dorf „häuslich" ein, was auch für uns von Vorteil war. Da die im Ort verbliebenen Frauen für die Soldaten kochten, bekamen wir von dem Essen immer etwas ab.

Die Radio-Nachrichten wurden immer bedrohlicher, die Soldaten immer nervöser. Die Ostfront schien näher und näher zu rücken, deshalb wurde es für das Militär und auch für uns Zivilisten zu gefährlich, im Ort zu bleiben. Den Gesprächen der Soldaten war zu entnehmen, dass die Wehrmacht in Kürze aus unserem Dorf abziehen würde. In dieser Zeit klopfte es eines Nachts laut an unsere Tür. Davor standen zwei ehemalige Knechte unseres Bauern. Sie baten meine Mutter inständig, mit uns Kindern das Dorf zu verlassen, da die Russen nur noch ca. 10 Kilometer von unserem Ort entfernt seien. Die russische Front bewege sich auf dem Adolf-Hitler-Damm immer weiter westwärts. Diese Straße war eigens für Kriegszwecke der deutschen Wehrmacht gebaut worden. Aus Anlass ihrer Namensgebung wurde in Rekov eine Eiche gepflanzt, die von uns den Namen Adolf-Hitler-Eiche erhielt. Was sollten wir jetzt tun? Gehen? Bleiben?

Die Entscheidung wurde uns von den Soldaten abgenommen. Sie machten sich noch in dieser Nacht zum Abzug bereit, und wir, also meine Familie sowie meine Tante mit meiner Cousine, sollten mit ihnen fahren. Da wir uns in jener Zeit immer fast komplett angezogen zum Schlafen legten, waren wir in kürzester Zeit reisefertig. Meine Mutter hatte unsere Sachen schon gepackt, ebenso ihre Tasche mit Geld und unseren Papieren. Für uns Kinder hatte sie aus Getreidesäcken kleine Rucksäcke genäht. Jeder musste seine Sachen und einige Lebensmittel tragen. Wir bestiegen einen Lastwagen der Wehrmacht. Die Soldaten hatten für uns schon Decken bereitgelegt. Ende Februar 1945 begann unsere Fahrt, begleitet von fernem Geschützdonner, ins Nirgendwo... Meine Tante und Klein-Helga fuhren mit uns. Allerdings haben wir sie dann in den Kriegswirren aus den Augen verloren. Jeder hatte mit sich und dem eigenen Überleben zu tun. Später haben wir jedoch erfahren, dass sie diesen schrecklichen Krieg zum Glück auch heil überstanden haben.

Ade Pommern, meine Heimat! Ade Platenheim, Dorf meiner unbeschwerten und glücklichen Kindheit! Werde ich dich je wieder sehen?

Wir waren auf der Flucht!

In dunkler Nacht ging unsere Fahrt bis nach Bütow, unserer Kreisstadt. Dort war es taghell, denn die ganze Stadt stand in Flammen. Ununterbrochen wurden Phosphorbomben auf sie abgeworfen. Wie wir mit dem Militärkonvoi diesem Inferno unbeschadet entkommen sind, weiß ich nicht. Irgendwann müssen wir wohl eingeschlafen sein und sind erst wach geworden, als es bereits hell war. Doch dann entdeckten meine Brüder etwas, das uns alle erstarren ließ: Der Wagen, auf dem wir uns befanden, war bis zur Hälfte mit gefüllten Benzinkanistern beladen. Ein einziger Treffer, egal ob von Geschütz oder Gewehr, oder auch nur ein einziges Streichholz hätten genügt, und von uns allen wäre nichts übrig geblieben! Eine ganze Schar von Schutzengeln muss uns begleitet haben!

Wir erreichten unbeschadet den Ort Stolp. Hier mussten wir die Lastwagen verlassen und befanden uns nun hilflos, müde und hungrig in einer fremden Stadt. Zum Glück hatte meine Mutter die Adresse eines Kriegskameraden meines Vaters bei sich. In der Hoffnung auf eine Unterkunft, machten wir uns dorthin auf den Weg. Nach langem Suchen fanden wir die Wohnung, sie war leer, und die Tür stand offen. Wir gingen hinein, froh, ein Dach über dem Kopf zu haben. Dann durchsuchten wir alle Schränke und fanden tatsächlich noch etwas Essbares! Außerdem konnten wir uns hier waschen und in einem „richtigen" Bett liegen – wir waren selig! Der Krieg schien hier weit weg zu sein. Es war so still, keine Flugzeuge, kein Sirengeheul, kein Dröhnen der Geschütze.

Da wir uns von nun an selbst versorgen mussten, durchsuchten wir am nächsten Tag leerstehende Geschäfte nach Lebensmitteln und wurden sogar fündig. Unsere Mutter hatte uns eingeschärft, alles Essbare mitzunehmen, dass wir finden würden. Nachts wurden wir jedoch aus dem Schlaf gerissen. Jäh wurde uns damit die Hoffnung genommen, hier zur Ruhe kommen zu können. Ununterbrochen fuhren Militärfahrzeuge durch die Straßen, aus deren Lautsprechern Folgendes zu hören war:

„Wir bitten die Zivilbevölkerung innerhalb von drei Tagen die Stadt zu verlassen. Stolp wird ohne Beschuss und Verteidigung aufgegeben. Außerhalb stehen Züge bereit, die sie weiterbefördern werden."

Unser erster Gedanke war, ist der Krieg jetzt zu Ende? Wir nahmen also all unsere Sachen und zogen los, dem riesigen Menschenstrom folgend. Wir fanden die Züge, doch es waren keine Personenzüge oder geschlossenen Güterzüge. Nein, es waren lediglich einfache Plattenwagen, doch wir hatten Glück und bekamen eine der wenigen Planen ab. Wir krochen darunter und warteten stundenlang auf eine Lokomotive – jedoch nichts geschah, der Zug blieb stehen.

Die Nacht verging, es war nichts geschehen, außer dass wir einge-
schneit waren. Wir rappelten uns auf und kletterten vom Plattenwagen. Viele folgten unserem Beispiel. Eine Lokomotive würde
wohl nicht mehr kommen. Also marschierten wir los. Es ging über
Schotter und Bahngleise, bis wir eine Straße erreichten. Unsere Fü-
ße taten weh, es gab keine Gelegenheit, sich zu setzen, um etwas
auszuruhen. Außerdem war es kalt und nass, denn, wie bereits
erwähnt, hatte es in der Nacht geschneit. Endlich tauchten ein paar
Häuser auf. Wir gingen darauf zu, aber viele andere vor uns hatten
hier bereits Unterschlupf gefunden. Sie alle rückten zusammen, wir
fanden noch ein Plätzchen und waren froh, für die Nacht ein Dach
über dem Kopf zu haben. Es war schön warm, die Kachelöfen war-
en geheizt, sogar in der Küche brannte Feuer im Herd. Meine Mutter machte uns etwas Heißes zu trinken, Brot und Wurst hatten wir
noch in unserem Gepäck. Auf dem Fußboden machten wir es uns
in unseren Sachen so bequem wie möglich und schliefen dann ein.
Irgendwann in der Nacht wurde es unruhig im Zimmer. Wir war-
en ja nicht allein dort. Schreie und Stöhnen waren zu hören, gefolgt
von einem ganz zarten leisen Wimmern. Ein Kind wurde in dieser
schrecklichen Kriegsnacht geboren. Was mag aus ihm geworden
sein? Hat es die Irrungen und Wirrungen dieses grausamen Krieges überlebt? Am nächsten Morgen mussten wir weiter. Es blieb
uns nicht anderes übrig. Auf was sollten wir auch warten? Es war

wohl eine parallel zu den Bahnglei-sen verlaufende Nebenstraße, auf der wir uns bewegten. Irgendwohin muss-ten uns diese Bahn-schienen doch führen. Nach stundenlangem Marsch sahen wir ei-nen Zug stehen. Diesmal war es ein Personenzug, der dazu noch mit einem Rot-Kreuz-Zeichen versehen war! Wir stolperten über Schotter und Gleise und kletterten mühsam in den Zug. Er stand auf freier Strecke, kein Bahnsteig war da, aber er hatte eine Loko-motive davor. Voller Hoffnung und Freude warteten wir darauf, dass er sich in Bewegung setzen würde. Es war ein Lazarettzug, wie wir bald feststellten. Die verwundeten Soldaten waren sehr freundlich und machten uns sogar Platz auf ihren Pritschen, damit wir uns setzen konnten. Plötzlich jedoch schien unsere Hoffnung ein jähes Ende finden zu wollen. Eine Militärpatrouille kam und forderte uns Zivilpersonen auf, sofort den Zug zu verlassen. Wir klammerten uns an unsere Mutter, die den Patrouille-Soldaten be-herzt mit folgenden Worten entgegentrat:

„Sie können mich und meine Kinder erschießen, aber lebend verlassen wir den Zug nicht. Mein Mann und Vater meiner Kinder ist schon im Krieg geblieben – uns vermisst keiner mehr!"

Sie holte die Vermisstenanzeige hervor und hielt sie den Solda-ten vor die Augen. Auch die verwundeten Soldaten mischten sich nun lautstark in die Diskussion ein mit dem Ergebnis, dass wir im Zug bleiben konnten! Wir waren ungemein froh, und meine Mutter weinte hemmungslos vor Erleichterung. Nach einiger Zeit setzte sich der Zug endlich in Bewegung. Die verwundeten Soldaten gaben uns von ihrer – bestimmt nicht üppigen – Verpflegung etwas ab. Auf einer schmalen Bettkante schliefen wir ein, begleitet von dem Rattern des Zuges. Aber wo ging es eigentlich hin? Im Morgengrauen, als alle so allmählich wach wurden, erzählten uns die Soldaten, dass der Zug zur Ostseeküste fahren würde. Dort würden sie dann auf Schiffe gebracht werden. Welch ein Lichtblick! Endlich raus aus diesem Kriegschaos! Wir hofften, dass man uns mit den Soldaten auf ein Schiff bringen würde. Aber dieser Lichtblick sollte sich bald wieder verdunkeln, denn als erneut eine Militärstreife erschien, gab es diesmal kein „wenn und aber", wir mussten den Zug endgültig verlassen. Wir waren jetzt in Gotenhafen angelangt und hatten aufgrund der Hinweise der Soldaten nur ein Ziel: den Hafen. Doch zuvor mussten wir erst einmal wieder etwas Essbares auftreiben. Jeder nahm sein Bündelchen, und die Flucht ging weiter, wieder über Gleise und Schotter, stadteinwärts.

Im Organisieren waren meine Brüder große Klasse! Jedes leerstehende Geschäft und jede verlassene Wohnung wurde durchstöbert, gefunden wurde immer etwas. Das war sehr wichtig. Nun fehlte uns nur noch ein Dach über dem Kopf. Dieses fanden wir auch in einem großen Kinosaal, und auch hier waren wir wie immer nicht die einzigen, die einen Unterschlupf gesucht hatten.

Unsere Schlafstätte in dieser Nacht war ein Kinosessel. Doch das war uns egal, es sollte ja nur für diese Nacht sein, denn in Gedanken sahen wir uns am nächsten Tag schon auf einem Schiff... Doch großer Irrtum! Am nächsten Morgen machten wir uns auf die Suche nach dem Hafen. Es war nicht schwer, denn wir mussten nur dem großen Menschenstrom folgen. Alle hatten das gleiche Ziel - den Hafen. Dort angekommen, zerfielen all unsere Hoffnungen zu Staub und Asche. Unzählige Menschen standen schon im Hafen und warteten auf ein Schiff, wir auch. Es war ein aussichtsloses Unterfangen.

Das Kriegsgetöse rückte immer näher. Am Abend wurde das Hafengelände durch Polizei und Militärstreifen geräumt. Alle mussten zurück in ihr Quartier, soweit vorhanden. Doch zuvor mussten wir uns erst wieder etwas Essbares besorgen. Im Kinosaal waren unsere Plätze glücklicherweise noch frei. Wir setzten uns und aßen etwas. Müdigkeit machte sich breit, und als wir uns gerade schlafen legen wollten, heulten plötzlich die Sirenen. Fliegeralarm! Überall hingen Plakate, was in diesem Fall zu tun sei: Alle sollten raus aus dem Saal und den nächsten Luftschutzbunker aufsuchen! Wir leisteten dem Folge in der Hoffnung, bald wieder in den Kinosaal zurückkehren zu können, da diese Fliegerangriffe in der Regel nicht sehr lange dauerten. Doch unsere Rückkehr wurde von einem Volltreffer vereitelt, der ganze Arbeit geleistet hatte. Wir fanden nur noch brennende Trümmer vor und mussten uns für den Rest der Nacht einen anderen Unterschlupf suchen. Am nächsten Morgen führte uns unser Weg wieder zum Hafen. Das gleiche Bild wie am Vortag, die gleichen Menschenmengen. Es lagen zwar riesige Schiffe im Hafen, doch die nahmen die eintreffenden Transporte mit verwundeten Soldaten auf, so dass für Zivilpersonen, also Flüchtlinge wie wir, nicht viel Platz auf diesen Schiffen blieb. Mein Bruder Paul rannte plötzlich los. Keiner von uns sah ihn mehr in der Menschenmenge. Plötzlich hörten wir seine Stimme! Er war oben auf einem dieser großen Schiffe. Wir versuchten mit aller Gewalt, auch auf dieses Schiff zu kommen, doch es war unmöglich. Wir schrieen nach unserem Bruder, meine Mutter nach ihrem Kind. Die Matrosen wurden auf uns aufmerksam, und mein Bruder landete wieder unten bei uns.

Nachdem sich alle etwas beruhigt hatten, starrten wir dem abfahrenden Schiff in der Hoffnung hinterher, dass wir mit dem nächsten Schiff auch von hier wegkommen würden. Später erreichte uns dann die Nachricht, dass das Schiff, dem wir so sehnsüchtig hinter geschaut hatten, mit allen Passagieren und Besatzungsmitgliedern gesunken war...

Was war geschehen? War es auf eine Wassermine aufgelaufen? Wurde es von einem Torpedo getroffen? Kannte jemand die Zahl der Toten? Die Namen? Nein! Niemand! Was wir zum damaligen

Zeitpunkt noch nicht wussten war, dass es das letzte Schiff gewesen sein sollte, das diesen Hafen verlassen hat. In den Hafenanlagen lag bergeweise von den Passagieren zurückgelassenes Gepäck, da jeder Passagier nur ein Gepäckstück mit an Bord nehmen durfte.

Wie immer begann der neue Tag mit Nahrungssuche. Heute suchten wir aber außerdem noch nach Kleidung. Nach so langer Zeit brauchten wir dringend neue Kleidungsstücke. Wir waren vollkommen verdreckt und zerlumpt. Wir fanden, was wir suchten: Kleidung, Proviant, einen Sack mit geschlachteten Hühnern und einen Topf. Meine Mutter nahm sich noch von dem Geld, das in großen Mengen herumlag, sogar Waschutensilien fanden wir. Mit unserer „Beute" zogen wir stadteinwärts, um eine Unterkunft zu finden. Wir kamen aber nicht weit. Wir waren so damit beschäftigt, uns endlich einmal waschen und uns frische Sachen anziehen zu können, dass wir das Brummen über uns erst richtig wahrnahmen, als es schon fast zu spät war…Über der Ostsee tauchten Flugzeuge auf. Nicht zwei oder drei – nein – ein ganzes Bombergeschwader! Was nun? Weg konnten wir nicht. Im Hafengelände gab es keine Luftschutzbunker, keine Gebäude nur Berge von Gepäck, hinter denen man Schutz suchen konnte. Im Hafen lagen große Kriegsschiffe, die nicht mehr seetüchtig waren. Auf ihnen brach Hektik aus, genau wie unter den Flüchtlingen im Hafen. Wir verkrochen uns, so gut es ging, hinter und unter den Gepäckbergen. Dann begann ein schreckliches Szenario. Die Sirenen heulten, die Geschütze der Schiffe feuerten aus allen Rohren, und die Flugzeuge warfen ihre todbringende Last ab. Brennende Flugzeuge stürzten ins Meer, und die getroffenen Schiffe versanken im Hafen. Der ganze Hafen bebte. Die Bomber schienen es aber nur auf die Schiffe im Hafen abgesehen zu haben. Wir kauerten an unsere Mutter gedrängt und beteten zu Gott, er möge uns beschützen. Sie sagte zu uns, dass wir alle dicht beisammen bleiben sollen, denn wenn eine Bombe träfe, wären wir alle tot. Hatten wir Angst! Der Krieg tobte weiter über und um uns. Wir, die Frauen und unschuldigen Kinder, waren zwischen die Fronten geraten. Ich weiß nicht mehr, wie viel Zeit vergangen war. Das Kriegsgetöse ebbte langsam ab, plötzlich trat eine unheimliche Stille ein - eine Totenstille! Hörte man jedoch richtig hin, so war es gar nicht totenstill. Laute und leise Schreie, Stöhnen und Wimmern war von überall zu hören. Es lagen viele Tote und Verwundete herum und niemand kümmerte sich um sie. Aus der Ferne hörte man das Donnern der Kanonen. Wir rappelten uns wieder auf. Verstört und verängstigt sahen wir nun das ganze Ausmaß dieses furchtbaren Angriffs: abgeschossene Flugzeuge ragten teilweise aus dem Wasser, die Schiffe lagen brennend im Hafen. Als Kind habe ich mich damals gewundert, wie etwas im Wasser brennen kann.

Der Meeresgrund der Ostsee muss auch heute noch ein riesiger Schrottplatz sein.

Wir suchten unsere Sachen zusammen und verließen das Hafengelände. Das Grausame der vergangenen Stunden verfolgte uns. Wieder suchten wir eine Bleibe für die Nacht. Auch in der Stadt hatten die Bomber ganze Arbeit geleistet. Nur vereinzelt standen noch Häuser, alles andere lag in Schutt und Asche. Dennoch hatten wir Glück und fanden noch einen Unterschlupf. Hauptsache war, ein Dach über dem Kopf zu haben, denn es war ja Winter. In den Trümmern suchten wir uns Holz zusammen – es lag genug herum – und machten uns ein Feuer. Meine Mutter kochte die gefundenen Hühner. Es war ein Festessen, trotz des Infernos! Wir hatten großen Hunger, es gab ja oft nichts. Den Rest unseres Festmahls packten wir ein. Nun diente uns unser Topf als Waschschüssel. Es war so eine Wohltat, sich mal wieder waschen und saubere Sachen anzuziehen zu können! Doch lange dauerte diese Ruhe nicht. Fliegeralarm! Wir blieben in unserem Trümmerunterschlupf. Die Flugzeuge hatten diesmal aber ein anderes Ziel, da Gotenhafen ja schon fast total zerstört war. Sie flogen nun nach Danzig. Als die Sirenen verstummten, atmeten wir auf. Meine Brüder kletterten aus unserer Behausung. An Schlaf war nicht mehr zu denken. Plötzlich schrieen sie, wir sollen auch rauskommen. Was wir nun zu sehen bekamen, war ein schaurig-schönes Schauspiel.

So etwas hatte ich bis dahin noch nicht gesehen: Der Himmel über Danzig sah aus, als würde man, wie wir es heute kennen, ein riesiges Silvesterfeuerwerk abbrennen. Die Stadt wurde so für die Bombardierung vorbereitet. So genannte brennende Weihnachtsbäume, Leuchtkugeln und Leuchtstäbe und vieles mehr wurde von den Flugzeugen abgeworfen, um die Ziele lokalisieren zu können. Es hätte ein faszinierendes und spektakuläres Schauspiel sein können, wäre da nicht der Krieg gewesen. Dieser Krieg brach nun über Danzig herein. Bombergeschwader flogen die Stadt an und deckten sie mit ihrer todbringenden Fracht zu. Danzig wurde in dieser Nacht in einem glänzenden Lichtermeer in Schutt und Asche gelegt. Für die Einwohner brachte es nur Tod und Verderben. Wir krochen wieder in unseren Unterschlupf zurück und verbrachten den Rest der Nacht ohne weiteren Fliegeralarm. Die Hoffnung, doch noch mit einem Schiff dieser Hölle zu entrinnen, hatten wir noch nicht aufgegeben. Also gingen wir auch am nächsten Tag wieder in Richtung Hafen. Dieser Weg führte uns durch die Hölle dieses Krieges. Es krachte und donnerte um uns herum. Der Luftangriff des vergangenen Tages hatte scheinbar den Weg für den vorrückenden Stoßtrupp der Russen freigebombt. Wir befanden uns genau zwischen den Fronten. Vom Osten rückte die russische Front heran, und im Westen stand die deutsche Wehrmacht. Der Krieg tobte mit aller Gewalt. Um uns zerbarsten krachend unzählige Granaten, Batterien und Geschosse aus russischen und deutschen Geschützen. Der Himmel verwandelte sich über uns in ein Flammenmeer, welches dann wie eine Feuerwalze auf uns herabstürzte. Aber wir blieben am Leben.

Unterstützt wurde der Vorstoß der russischen Truppen, die bereits die Nebenstraßen von Gotenhafen erobert hatten, durch die so genannten „Stalinorgeln" und Flammenwerfer. Die Stalinorgeln hatten es meinen Brüdern angetan. Sie wollten sich diese Geschosse genauer ansehen und rannten einfach los. Meine Mutter stand tausend, nein, hunderttausend Ängste aus. Zum Glück gewann die Einsicht, dass der Krieg kein Spielplatz ist, bei meinen Brüdern Oberhand, und sie blieben nun wieder dicht bei uns. Inzwischen tobte der Krieg weiter über uns. Die deutsche Wehrmacht erwiderte das nicht enden wollende Feuergetöse der Russen mit allen ihnen zur Verfügung stehenden Kampfmitteln.

Meine kleine Hand hatte sich in den Stoff des Mantels meiner Mutter festgekrallt. Ich kroch und stolperte hinter ihr her. All unser Denken war von panischer Angst erfüllt. Die Bestie Krieg tobte weiter. Die Stalinorgeln, Flammenwerfer und Geschütze spuckten im gleichmäßigen Rhythmus ihre todbringende Ladung aus, welche ebenso in gleichmäßigen Abständen in ohrenbetäubendem Krachen und Bersten vom Himmel auf uns herabstürzte. Hinter jedem Trümmerberg suchten wir in den kurzen Feuerpausen ein wenig Schutz. Ohne jedes Zeitgefühl und mit dem Mut der Verzweiflung krochen wir wie die Tiere um unser Leben. Aufrecht zu gehen, hätte den sicheren Tod bedeutet. Uns trieb die Hoffnung, doch noch heil hier herauszukommen und es bis zum Hafen zu schaffen, in dem vielleicht noch Schiffe liegen, mit denen wir dieser Hölle entkommen können. Immer wieder fragten wir uns: Warum dieser Krieg? Warum mussten unsere Mutter und wir so leiden, wir hatten doch keinem etwas getan? Doch danach fragte keiner.

Die Bestie Krieg zog weiter und hinterließ eine Spur des Todes, der Verwüstung und des Elends. Tote und Verwundete lagen herum, keiner half ihnen, keiner sprach für sie ein kleines Gebet, keiner schaufelte ihnen ein Grab. Wer hier verwundet wurde, war dem Tod geweiht. Wer sollte auch helfen? In den Menschen war jedes Mitleid und Erbarmen verloren gegangen, ihre eigene Not war viel zu groß. Jeder war sich selbst der nächste. Auch ich war mit meiner panischen Angst allein. Meine Mutter sagte immer wieder zu mir: guck dich nicht um, wir müssen vorankommen. Als Kind dachte ich nur: Warum wird denn immer noch geschossen? Es ist doch schon alles kaputt! Wir rappelten uns wieder auf, das Kriegsgetöse schwächte ab, die russische Front zog westwärts, ihr einziges Ziel war nun Berlin. Der Treck der Flüchtlinge bewegte sich weiter wie ein träger Wurm in Richtung Hafen – dem vermeintlichen Weg aus dieser Hölle! Wir sahen uns um, Gotenhafen war nur noch ein brennender, rauchender Trümmerhaufen. Im Hafen angekommen sahen wir eine völlig zerstörte Hafenanlage. Kräne, Brücken, Schiffe, alles ragte wie mahnende Finger aus dem Wasser gen Himmel. Hier wird kein rettendes Schiff mehr auslaufen. Unsere letzte Hoffnung schwand dahin. Der Treck der Flüchtlinge stockte. Was wird jetzt? Plötzlich kam wieder Bewegung in die Menschenmenge. Wir wurden zum Fischereihafen umgeleitet. Hier wurde uns dann über Lautsprecher mitgeteilt, dass wir zur Halbinsel Hela gebracht und hierzu am Abend auf Schiffe verladen würden. Es wurden alle noch einsetzbaren kleinen Schiffe, Fischerboote und alles, was noch irgendwie zu verwenden war, an die Anlegestege gebracht. Es kam zu Tumulten, und es herrschte großes Chaos, denn jeder wollte mit. In großem Gedränge gelangten auch wir auf ein Boot. Als die Wasserfahrzeuge ablegten, warteten noch viele Menschen an Land darauf, dass auch sie weggebracht wurden. Auch unser Boot fuhr endlich los. Es schaukelte, und ich bekam Panik. Ich schrie nur noch. Meine Mutter konnte mich nicht beruhigen. Ein Besatzungsmitglied brachte meine Mutter und mich in eine Kajüte. Dort gab man mir etwas zu trinken, vielleicht war es Alkohol. Ich weiß es nicht, jedenfalls war ich von einer Minute zur anderen still und wimmerte nur noch vor mich hin. Hatte ich möglicherweise am Vormittag durch dieses furchtbare Getöse, in welches wir geraten waren, einen Schock erlitten? Löste sich dieser nun auf dem Boot durch das Schreien? Oder hatte ich Angst, das Boot könne genauso sinken wie das große Schiff, mit dem alle untergegangen und ertrunken waren? Ich werde auf diese Fragen wohl keine Antwort erhalten, aber eines weiß ich mit Sicherheit: Es waren die schrecklichsten Tage und Stunden meines Lebens.

Bis zur Halbinsel Hela war es nicht sehr weit, und nach kurzer Zeit landeten wir dort. Da es keine Unterkünfte gab, liefen wir zu einem kleinen Wald, um etwas Schutz zu finden. Es war verhältnismäßig ruhig, was den Krieg anging. Nur von Ferne hörten wir das dumpfe Dröhnen der Geschütze. Meine Mutter gab uns etwas zu essen, das Brot war alt und hart, dazu gab es etwas von unserem Hühnerfleisch, und so wurden wir satt. Unsere Rucksäcke mussten wir weiterhin schleppen, auch wenn es uns schwer fiel. Mutter sagte immer wieder zu uns: „...es ist unser Proviant zum Überleben!"

Die Ruhepause all jener, die sich wie wir im Wald verkrochen hatten, sollte bald ein jähes Ende finden. Aus der Ferne näherte sich dumpfes Brummen, und dann brach wieder der Krieg über uns herein. Diesmal waren es keine Bomben-Geschwader, sondern Tiefflieger, die ich ja schon aus unserem Dorf in Pommern kannte. Mit ihren Bordgeschützen schossen sie auf alles, was sich bewegte. Auch den Wald nahmen sie ins Visier. Doch, Gott sei Dank, war es ein Mischwald! Die Tannen und Kiefern boten uns etwas Schutz.

Wir lagen unter Geäst und Gestrüpp und wagten nicht, uns zu bewegen. Dennoch verloren auch hier wieder viele Menschen ihr Leben. Die Flugzeuge zogen, nachdem sie ihre todbringende Arbeit geleistet hatten, wieder ab, und wir mussten uns nun auf den Weg zum Hafen machen. Es war schon spät und stockdunkel. Der Zeitpunkt für die Verschiffungsaktion war sicherlich bewusst in die Nachtstunden gelegt worden, um einigermaßen sicher vor Angriffen zu sein. Auch musste die Fahrrinne zu den Schiffen in der Ostsee von Minen geräumt werden. Die Ostsee war ja vollkommen vermint, und keines der großen Schiffe konnte deshalb in den Hafen einlaufen. Das Geschubse und Gedränge war wieder groß. Jeder wollte weg, egal wohin, nur weg. Die Fahrt ging in der Nacht los, es war unheimlich und gruselig. Plötzlich tauchten in der Dunkelheit riesige große Ungeheuer vor uns auf, es waren die von uns so ersehnten Schiffe. Aber wie sollten wir von den kleinen Booten dort oben hinauf kommen? Mit wurde schon wieder Angst und Bange, doch es ging alles viel schneller, als wir dachten. Am riesigen Schiffsrumpf hingen Strickleitern herunter, an denen die Matrosen festgebunden waren. Mit geübten Handgriffen hievten sie uns wie Pakete auf das Schiff. Für ihre unermüdliche Arbeit werden wir ihnen ewig dankbar sein. Mit Kränen, an denen Lastkörbe befestigt waren, ging es dann nach oben. Unter uns nichts als gähnende Tiefe und das unheimliche schwarze Wasser. Wir hörten das

Wasser glucksend an den Schiffsrumpf klatschen sowie das Tuckern der ankommenden und abfahrenden Boote, und dann waren wir auch schon oben. Für Angst blieb keine Zeit. Meine Brüder waren bereits mit dem Lastenkran nach oben gebracht worden und warteten schon auf uns. Unser Schiff war kein Passagierschiff, sondern ein Frachtschiff. Die Böden der Frachtdecks waren mit Stroh bedeckt worden. Jedem wurde nun ein Platz auf den Decks zugewiesen. Die Matrosen führten uns, wie auch alle anderen, jeweils zu der Stelle, die für die nächste Zeit unser Zuhause und auch das vieler anderer Menschen werden sollte. Im Moment war uns jedoch alles egal. Alle waren müde und zerschlagen von den Strapazen des Tages. Wir zogen uns die Mäntel aus, legten uns aufs Stroh, deckten uns mit ihnen zu und schliefen sofort ein. Dann ging ein Ruck durch das Schiff, wir wurden wach und dachten sofort an das Schlimmste. Zum Glück waren aber nur die Schiffsmotoren angelassen worden, und das Schiff setzte sich nun in Bewegung. Jetzt ging es endlich los und hoffentlich sehr weit weg von diesem schrecklichen Krieg! Am späten Morgen erwachten wir und machten uns auf die Suche nach einer Toilette und Waschgelegenheiten. Wir hatten Glück und fanden beides, obwohl diese Räumlichkeiten für all die vielen Menschen viel zu klein waren. Auf dem Rückweg zu unserem Lagerplatz stellten wir fest, dass unser Schiff nicht allein unterwegs war. Sieben Schiffe waren zu einem Konvoi zusammengestellt worden, der von drei Minensuchbooten begleitet wurde. Die Minensuchboote sollten für die Schiffe die Fahrrinne freimachen und damit das Vorwärtskommen ermöglichen. Die Schiffe fuhren sehr langsam, bis jetzt wussten wir auch noch nicht, wohin die Reise gehen würde. Es war uns vorerst auch egal. Vom Krieg spürten wir fast nichts mehr, nur vereinzelt waren Flugzeuge zu sehen. Die Schiffe waren mit Rot-Kreuz-Zeichen versehen, was uns vor Angriffen schützte. Langsam wich die Angst von uns. Mit einer Mahlzeit am Tag, Dörrgemüse in Wasser gekocht und ein Stück Kommissbrot, mussten wir auskommen. Aber wir hatten ja noch unsere kleine stille Reserve, für die unsere Mutter immer gesorgt hatte. Die Fahrt ging langsam weiter, bald sahen wir kein Festland mehr. Da verbreitete sich die Nachricht, dass wir nach Dänemark fahren würden.

Auf unserer Fahrt dorthin geschah noch Furchtbares: Zwei Schiffe unseres Konvois sanken, nachdem sie auf Minen oder Wasserbomben gelaufen waren. Den genauen Grund kannte niemand. Sie gingen sehr schnell unter, es konnten nur sehr wenigen Menschen gerettet werden. Sie schrieen um ihr Leben, aber der alles in die Tiefe reißende Sog machte für viele eine Rettung unmöglich. Alles wurde von ihm verschlungen. Zurück blieben nur Trümmerteile, Entsetzen und unsere Angst! Der Krieg hatte uns wieder eingeholt, dieser Gedanke allein war schrecklich. Wir alle mussten diesem schrecklichen Inferno hilflos zusehen. Meine Mutter drehte mich zu sich und verbarg meinen Kopf in ihren Kleidern. Ich sollte das Schreckliche, was dort vor uns geschah, nicht mitbekommen. Aber was ich gesehen habe, brannte sich tief in mein Gedächtnis ein. Die zwei Schiffe waren weg, es waren nur noch Wrackteile zu sehen. Alles andere hatte das Meer verschlungen. Viele Menschen ruhten nun in einem nassen kalten Grab. Durch den starken Sog der untergehenden Schiffe begannen auch die anderen Schiffe, stark zu schaukeln. Da war sie wieder, diese Angst. Selbst die Minensuchboote konnten uns nicht ausreichend schützen. Ganz langsam nahmen die restlichen Schiffe wieder ihre Fahrt auf. Wir gingen runter zu unserer Schlafstelle und verkrochen uns im Stroh. Eine bedrückende Stille herrschte auf dem ganzen Deck. Jeder fragte sich, ob wohl die verbleibenden Schiffe einen rettenden Hafen erreichen würden. Was würde geschehen, wenn nicht? Oh Gott, wir hatten ja eben mit eigenen Augen ansehen müssen, was dann geschieht. Es würde keine Rettung geben, denn das Meer verschlingt alles und gibt nichts mehr zurück. Wir versuchten, das schreckliche Erlebte zu verdrängen und ein „normales" Leben auf dem Schiff zu führen.

Unsere Nachbarn im Stroh waren drei Geschwister. Sie hatten die Eltern in den Wirren des Krieges verloren. Eines von ihnen war eine junge Frau mit einem Kleinkind. Mit ihnen teilten wir unseren

Proviant. Das Kind, ein kleines Mädchen, wurde nicht satt. Nur eine kärgliche Mahlzeit am Tag war für die Kleine einfach zu wenig. Es entwickelte sich langsam eine richtige Freundschaft zwischen uns, die noch längere Zeit Bestand haben sollte, was wir aber zu dieser Zeit noch nicht ahnten...

Jeden Morgen, wenn sich die Ladeluke öffnete, wurde unsere Neugier geweckt. Gestapelte Frachtkörbe, längliche Pakete in Papiersäcken verpackt, wurden nach oben gehievt. Was war da wohl drin? Die Enthüllung des Geheimnisses versetzte allen Anwesenden einen Schock. Es befanden sich Menschen darin! Tote Menschen! Auf den Decks unter uns waren verwundete Soldaten untergebracht. Diejenigen, die ihren Verletzungen erlagen, wurden jede Nacht in die Papiersäcke gepackt. Am darauffolgenden Morgen wurden sie vom Kapitän mit einigen begleitenden Worten dem Meer übergeben. Wurden die Namen der Toten registriert? Haben ihre Familien je erfahren, dass das Meer ihre letzte Ruhestätte geworden ist?

Langsam bewegte sich unser Konvoi ohne Zwischenfälle weiter. Endlich war Land in Sicht! Doch zum Jubeln und Freuen war es noch zu früh. Jeder Meter im Meer, den wir noch zu fahren hatten, war gefährlich. Aber auch diese qualvolle Zeit des Bangens und Hoffens verging, wenn auch sehr langsam.

Ostern 1945 liefen unsere Schiffe in den Hafen von Kopenhagen ein. Die Anspannung der letzten Tage fiel von uns ab. Wir lachten und weinten zugleich. Endlich in Sicherheit, das Land sehen und bald darauf stehen zu können, keine schwankenden Planken, kein Meer! Kein Fliegeralarm, kein Dröhnen von Flugzeugen mit Bomben im Bauch, kein Donnern und Krachen der Geschütze! Wir waren einfach nur glücklich, all diese schrecklichen Ereignisse heil und gesund überstanden zu haben – wenn auch fern der Heimat gestrandet, in einem fremden Land. Unsere Flucht war zu Ende! Was würde nun mit uns geschehen?

Hungrig, dreckig, zerlumpt und verstört standen wir auf dem Schiff und warteten darauf, endlich heruntergelassen zu werden. Obwohl der Tod auf der ganzen langen Fahrt unser ständiger Begleiter war, sind wir gut angekommen. Dänemark war ein von Deutschen besetztes Land. Wir waren hier bestimmt nicht willkommen. Es dauerte einige Zeit, bis für alle die Einreise geklärt und die Papiere überprüft waren - deutsche Gründlichkeit eben. Endlich! Wir hatten wieder festen Boden unter den Füßen. Merkwürdig war, dass ich schon jetzt mit Entsetzen und Panik daran dachte, dass wir wieder ein Schiff besteigen müssten, wenn wir wieder nach Hause fahren würden!

Die Mitarbeiter des Roten Kreuzes nahmen uns in Empfang und brachten uns zu bereitstehenden Fahrzeugen. Es waren Rot-Kreuz-

Fahrzeuge, Militärfahrzeuge und auch dänische Fahrzeuge. Es verlief alles sehr ruhig, ohne Panik und Hektik. Niemand musste befürchten, nicht mitgenommen zu werden. Gepäck hatten wir ja alle nicht mehr viel. Wir hatten sogar das Glück, mit unseren Nachbarn vom Schiff auf ein Fahrzeug zu kommen. Als wir losfuhren, wusste keiner, wohin die Fahrt gehen würde. Wir landeten auf einem Bahnhof. Hier standen Personenzüge bereit, keine Güterzüge. Alles erschien mir irgendwie anders. Nach all den hinter uns liegenden schrecklichen Erlebnissen, hatte die Situation hier etwas Beruhigendes. Was wohl mit den verwundeten Soldaten geschehen war, die mit uns auf dem Schiff waren? In der Zeit, als wir im Hafen warten mussten, waren sie jedenfalls noch nicht von den Schiffen gebracht worden. Als sich der Zug in Bewegung setzte, wussten wir wieder nicht, wo das Ziel unserer Reise sein würde. Helferinnen des Roten Kreuzes kamen durch die Abteile und versorgten uns mit heißem Tee und Essen. Wann hatten wir zum letzten Mal heißen Tee bekommen? Und das Essen erst…! Wir Kinder bekamen große Kulleraugen. Es gab Weißbrot mit Käse oder Schinken, das reinste Festmahl für uns. Es schmeckte fast wie Kuchen. Vielleicht gab es das aber auch nur, weil gerade Ostern war. Satt und zufrieden schliefen wir auf unseren Plätzen ein. Später stellten wir fest, dass wir von Kopenhagen, also vom Osten Dänemarks, bis in den Westen an die Nordsee gefahren waren. Nach einer langen

Fahrt erreichten wir die Insel Fanö. Außer den Einwohnern und der Deutschen Wehrmacht gab es nun auch uns, die Flüchtlinge, auf diesem Eiland. Wir wurden in leer stehenden Hotels untergebracht. Unseres hieß King of Danmark. Wir hatten riesengroßes Glück, denn unserer Familie wurde ein Dreibettzimmer zugewiesen. Zwei von uns teilten sich jeweils ein Bett. Das war viel besser, als mit vielen Menschen zusammengepfercht auf Stroh zu hausen. Auch die Restaurants und Säle waren mit Feldbetten bestückt, so dass sie vielen Menschen eine Unterkunft boten. Wir Kinder konnten nicht an uns halten und warfen uns voller Übermut auf die Betten, es war ein herrliches Gefühl. Aus Militärbeständen erhielten wir Waschzeug. Wir konnten uns endlich, endlich wieder waschen! Nur unsere dreckigen und zerlumpten Sachen mussten wir wieder anziehen. Unsere Mutter versuchte, so gut es ging, die Kleidung nach und nach zu waschen. Doch bald wurde auch hier Abhilfe geschaffen. Kleiderkammern wurden eingerichtet, jeder bekam etwas. Am meisten begehrt aber waren Schuhe. Essen gab es aus Gulaschkanonen, die für uns Kinder etwas völlig Neues und deshalb hochinteressant waren. Aber es gab auch etwas Ungewöhnliches, das wir uns nicht erklären konnten. Als wir am nächsten Morgen aus dem Hotel traten, war das Wasser der Nordsee weg. Wir standen sprachlos am Strand. Träumten wir, oder was war los? Viele Kinder und auch Erwachsene hatten so etwas noch nie gesehen. Sie waren nie zuvor am Meer gewesen. Und nun war das Wasser auch noch weg! Doch die Flut brachte das Wasser zurück. Wir Kinder hatten nun wieder einen Spielplatz, den Strand. Einfach herrlich! Der Krieg war weit weg....

Wir erkundeten die Insel im näheren und weiteren Umkreis, liefen den Soldaten hinterher und beobachteten sie. Sie hatten eine uns sehr merkwürdig erscheinende Art einzukaufen: Sie legten einfach ihre Waffen auf den Ladentisch und forderten dann die Sachen, die sie haben wollten. Wir stellten uns dreist neben sie und bekamen so Kuchen und Süßigkeiten. Alles wanderte in unsere aufgehaltenen Hände, danach verschwanden wir wieder und spielten weiter. Als es wärmer wurde, hatten wir ein neues Spiel entdeckt: Wir gingen dem entweichenden Wasser hinterher, von Sandbank zu Sandbank. Anfangs trauten wir uns nicht so weit, da wir ja nicht wussten, was vor uns war und wann und wie schnell das Wasser wiederkommen würde. Später hatten wir dann schon Übung und schafften manchmal 12 bis 14 Sandbänke. Unsere Kinderwelt war endlich wieder in Ordnung. Einige, Kinder wie auch Erwachsene, hatten Probleme, sich nach der langen Zeit des Hungers wieder an regelmäßiges Essen zu gewöhnen. Es traten viele Magen- und Darmerkrankungen auf, die für viele Menschen, deren durch den Krieg ausgemergelte Körper keine Widerstandskräfte mehr aufbieten konnten, den Tod bedeutete. Der Tag der Beerdigung war für uns immer schlimm. In Papiersäcke verpackt und auf Lastwagen verladen, wurden die Toten zum Friedhof gebracht. Eine kurze Ansprache, ein Vaterunser, ein Lied, dann fiel die Erde auf ein namenloses Massengrab. Auch unsere kleine Freundin vom Schiff musste dieses Schicksal erleiden. Am 7. oder 8. Mai erhielten wir eine Nachricht, die wie eine Bombe einschlug:

Der Krieg ist zu Ende!

Die Botschaft verbreitete sich wie ein Lauffeuer in alle Ecken und Winkel. Jedes Radio und sämtliche Lautsprecher verkündeten: „Hitler hat kapituliert!". Der Freudentaumel war groß! Trotz dieser Euphorie stand plötzlich die Frage im Raum: Was wird nun mit uns Flüchtlingen geschehen? Wir waren nun nicht mehr die Besetzer Dänemarks, wir waren die Verlierer, die besiegten Deutschen. Einige Zeit blieb fast alles unverändert. Wir wurden versorgt und hatten auch noch gewisse Freiheiten. Es war inzwischen wärmer geworden, wir spielten, badeten und holten uns einen mächtigen Sonnenbrand.

Für die Soldaten hatte jedoch eine schwere Zeit begonnen. Jeden Montag wurde eine „Todeskolonne" losgeschickt. Wir nannten sie so, weil sie den Strand nach Minen absuchen musste. Dabei gab es viele Verletzte, ja sogar Tote, auch eine Folge des Krieges. Zweimal pro Woche gingen wir zum Strand um zuzusehen, wie Wasserbomben im Meer gesprengt wurden. Meterhohe Fontänen stiegen hoch, es war ein makabres Schauspiel! Dann kam der Tag, der uns erneut in Angst und Schrecken versetzte, denn es hieß wieder Sachen packen, da wir abtransportiert werden sollten. Was hatte das jetzt zu bedeuten? Lastwagen fuhren vor, doch sie waren nicht für uns bestimmt, Kranke und Behinderte wurden damit abtransportiert. Alle anderen, die wie wir gesund waren, mussten laufen.

Wie ein großer, träger Wurm bewegte sich der Treck der Flüchtlinge vorwärts. Die Sonne brannte gnadenlos auf uns herunter – es war ja bereits Sommer. Die Nordsee rauschte in der Ferne. Wir dachten wehmütig an unseren Spielplatz am Strand und sehnten uns nach einem erfrischenden Bad im Meer. Schemenhaft, wie eine Fata-Morgana, tauchten in der Ferne große Schatten auf. Sollte das unser Ziel sein? Vor unseren Augen erhob sich ein Komplex, bestehend aus Kasernen und umgeben von einer hohen Mauer und Stacheldraht. Wir passierten ein großes Tor, die Torflügel schlossen sich hinter uns. Man hatte uns unserer Freiheit beraubt. Wir, Frauen und Kinder, die keine Schuld an diesem Krieg traf, waren nun Gefangene, hier Internierte genannt. Doch da wir dem deutschen Volk anhörten, waren auch wir die Besiegten. Jeder bekam einen Zettel in die Hand gedrückt. Darauf stand die Nummer der Kaserne und des Schlafsaals. Die Menge zerstreute sich, jeder machte sich auf die Suche nach seinem Quartier. Je schneller man es fand, umso größer waren die Chancen, einen einigermaßen guten Platz in einem Schlafsaal zu ergattern. Die Schlafsäle waren für ca. 30 Personen eingerichtet. Etagenbetten standen bereit, doch erfreulicherweise gab es für jeden ein eigenes Bett. Waschräume und Toiletten befanden sich auf dem Flur. Das war nun also unsere neue Bleibe. Für wie lange wohl? Meine Brüder hielten es nicht lange in unserer „neuen Wohnung" aus. Sie gingen auf Erkundungstour um zu ergründen, wo es etwas zu essen gab, ob ein Spielplatz vorhanden war und wo ihre Freunde vom Strand untergebracht waren. Sie kamen mit vielen Informationen zurück: Es gab einen großen Speisesaal, eine Meldestelle, eine Krankenstation und vieles mehr. Doch meine Mutter wusste das alles bereits aus dem uns übergebenen Handzettel. Das Internationale Rote Kreuz war nun unser Ansprechpartner für alle Belange. Am nächsten Tag setzte sich der Mechanismus dieser Organisation in Gang. Alle Personen einer Kaserne erhielten eine Nummer und wurden aufgefordert, sich im Meldebüro einzufinden. Hier wurden sie registriert und bekamen einen Zettel mit ihren persönlichen Daten. Damit waren sie im Lager angemeldet. Diese Angaben wurden dann an das Hauptregister des Roten Kreuzes weitergeleitet, unsere Daten wurden nach Deutschland geschickt. All das war erforderlich, um die Rückkehr in unsere Heimat zu organisieren. Wir wollten natürlich alle so schnell wie möglich fort von hier. Doch was würde mit uns geschehen? Wir hatten ja keine Heimat mehr, Pommern gehörte nun nicht mehr zu Deutschland, sondern zu Polen. Es brachte jedoch nichts, sich darüber den Kopf zu zerbrechen, Hauptsache wir kamen hier weg – egal wohin! Wie lange es jedoch bis zu unserer Rückkehr noch dauern sollte, wussten wir zum Glück zu jener Zeit noch nicht.

Im großen Speisesaal gab es drei Mahlzeiten am Tag. Die Kost war der, die wir auf dem Schiff erhalten hatten, sehr ähnlich. Gelegentlich gab es sogar gekochten Fisch. Aber welches Kind isst schon gerne Fisch? Und dann auch noch solchen mit ganz vielen Gräten?! Ich jedenfalls mochte keinen Fisch, und so blieb mir nichts anderes übrig, als mich mit den wenigen Kartoffelstücken und etwas Soße zu begnügen. Meine Mutter bekam dann eine Arbeitsstelle in der Küche. Von da an fiel auch für uns immer etwas Essbares mit ab. Welch ein Glück!

Wo viele Menschen auf engem Raum leben, bleibt es nicht aus, dass sich Ungeziefer breit macht. Und so wurden auch wir von Läusen und Flöhen geplagt. Es wurde reichlich Desinfektionsmittel eingesetzt, aber so schnell wie diese Biester kamen, gingen sie noch lange nicht wieder weg. Wir waren überall zerkratzt und von Beulen übersät, aber auch das haben wir überstanden. Auf unsere Gesundheit wurde besonders streng geachtet, denn eine Epidemie hätte katastrophale Folgen gehabt. Ständig wurden wir gegen alles Mögliche geimpft. Das war der reinste Horror für mich! Wir standen dann immer in langen Reihen an. Kurz bevor ich an der Reihe war, habe ich mich wieder hinten angestellt. Ich hatte riesengroße Angst vor Spritzen! Doch es nützte mir gar nichts, ich musste mich geschlagen geben. Was sein muss, musste sein – und wer weiß, wozu es gut war.

In unserem Lager starben jedenfalls immer noch Menschen. Zu deren Beerdigung öffneten sich die Lagertore, und wir durften die Toten zum Friedhof begleiten – unter strenger Bewachung. Für uns war das eine Gelegenheit, das Lager wenigstens für kurze Zeit zu verlassen, was für uns wie ein kleiner Hauch von Freiheit war.

Die Dänen, die nur noch Beleidigungen für uns übrig hatten, spuckten vor uns aus. Doch niemand konnte es ihnen verdenken. Die Zeit der Besetzung war auch für sie sehr schwer, auch sie mussten schlimme Demütigungen hinnehmen. Wenn ich heute zurückdenke, stelle ich fest, dass ich nach meiner Heimkehr und der Wiedervereinigung Deutschlands Dänemark nie wieder besucht habe. Zu tief hat sich wohl all das Geschehene bei mir eingeprägt.

Wir lebten nun mit jenen Soldaten in einem Lager, die sich damals als Verwundete mit uns auf den Schiffen befanden. Sie und auch die Verwundeten, die sich noch einigermaßen bewegen konnten, mussten nun Arbeiten im Lager verrichten. Eines Tages fuhren reihenweise Lastwagen auf das Gelände, beladen mit großen Holzteilen. Die nächsten Tage hörte man nur noch Hämmern und Klopfen. Es wurden neue Baracken gebaut, sehr viele neue Baracken, denn das Gelände bot ja ausreichend Platz dafür. Sollten sie etwa für neue Flüchtlinge benötigt werden?

Doch es kam ganz anders. Nicht mal im Traum hätte einer von uns vermutet, dass die Baracken für uns gebaut wurden! Wir sollten also noch einmal umziehen. Dabei hatten wir doch schon mit einer baldigen Heimkehr gerechnet... Und nun das? Wie lange sollten wir denn noch im Lager ausharren? Oder wollte man uns das Leben im Lager gar etwas erleichtern? Wir zogen um. Zwei Familien teilten sich nun ein Zimmer, das durch provisorische Trennwände getrennt wurde, wodurch sogar ein wenig Privatsphäre möglich wurde. Allmählich, so empfanden wir es zumindest damals, normalisierte sich das Lagerleben. Unsere Mutter durfte weiter ihrer Arbeit in der Lagerküche nachgehen. Auch die von mir so verabscheuten Impfungen gingen weiter, mal in längeren, mal in kürzeren Abständen. Was uns Kindern jedoch so gar nicht recht gefallen wollte, war die Tatsache, dass sich Lagerinsassen als

Lehrer zur Verfügung gestellt hatten. Das bedeutete ja, dass wir wieder zur Schule gehen sollten. Welch ein Alptraum – schließlich war es bis jetzt auch ohne Schule gegangen! Bei Lichte besehen, war es natürlich richtig, wieder mit der Schule zu beginnen. Andernfalls wäre es uns bestimmt langweilig geworden, denn der Winter stand bereits vor der Tür. So lange waren wir nun schon hier. Und so fanden wir die Schule dann „doch noch ganz gut".

Zu Weihnachten wurde eine kleine Weihnachtsgeschichte einstudiert. Wir stellten die Kostüme dafür aus den wenigen vorhandenen Materialien selbst her – es machte uns riesigen Spaß! Das Fest an sich war dann aber doch sehr traurig. Es gab für uns Kinder zwar ein paar Süßigkeiten, und auch das Essen war an diesem Tag etwas besser, doch das Heimweh dafür umso schlimmer!

Ein eisiger Wintersturm fegte über die Insel. Wir hatten das Jahr 1946 erreicht. So schnell vergeht die Zeit! Das Leben im Lager ging weiter. Die Kleiderkammer gab es noch, auch Einrichtungen, in denen wir Kleinigkeiten auf Bezugsscheine bekamen.

Die Jungs hatten sich mit Hilfe der Soldaten einen Bolzplatz errichtet, für uns Mädchen entstand eine kleine Bühne, es bildeten sich Freundschaften. Doch abends, wenn die Familie beisammen saß, stellte sich immer wieder großes Heimweh ein. Unsere Gedanken kreisten immer um die Fragen: Wann öffnen sich denn nun endlich diese großen Tore? Wann können wir wieder nach Hause? Nach Hause? Hatten wir denn überhaupt noch ein Zuhause? Den bis ins Lager vordringenden Gerüchten zufolge, hatte sich Deutschland nach dem Krieg sehr verändert. Unsere Heimat Pommern sollte nun nicht mehr zu Deutschland, sondern zu Polen gehören. Waren wir jetzt heimatlos, gestrandet in diesem fremden Dänemark? Unsere Mutter schrieb an die Verwandten in Deutschland, deren Adressen ihr noch bekannt waren. Ob sie wohl noch lebten? Existierten diese Adressen überhaupt noch? Fragen, Fragen, Fragen.....

Es wurde wieder Sommer. In der Ferne rauschte das Meer. Der Suchdienst des Roten Kreuzes arbeitete auf Hochtouren. Die Suchstelle war die am meisten besuchte Baracke im ganzen Lager.

Im Spätsommer/Herbst war eine eigenartige Unruhe im Lager spürbar. Die Erwachsenen, so auch unsere Mutter, wurden aufgefordert, sich in der Baracke des Roten Kreuzes einzufinden. Was war los? Wir waren sehr aufgeregt. Unsere Mutter musste Angaben zu sich und uns Kinder machen. Sie wurde gefragt, wo unser Vater sei, wo wir gewohnt hätten usw. Als sie den Namen unserer Heimat nannte, wurde es Gewissheit: Pommern gehörte nicht mehr zu Deutschland. Das war nun von amtlicher Stelle bestätigt worden. Weiter hieß es, dass nun Transporte zusammengestellt würden, mit denen es zurück nach Deutschland ginge. Wohin könne man noch nicht sagen. Für uns Flüchtlinge müsse dort erst eine neue Heimat gefunden werden. Es dauere noch, bis wir an der Reihe wären. Egal! Endlich ein Lichtblick!

Die Zeit verging, und es wurde wieder Winter, Weihnachten stand vor der Tür. Zum zweiten Mal sollten wir das Fest hinter diesen Mauern und diesem Stacheldraht verbringen. Nach und nach lichteten sich die Reihen, die ersten Transporte fuhren ab. Wir hatten immer noch keinen Bescheid über unsere Rückreise.

Der Bescheid kam Anfang 1947: Heimkehr nach Deutschland - Zielregion Süddeutschland. Wohin es uns dort verschlagen würde, war uns völlig egal! Hauptsache wir kamen hier weg, fort aus diesem Lager! Doch dann kam wieder einmal alles ganz anders. Wir hatten bereits von unseren Verwandten einige Antworten auf die Briefe meiner Mutter erhalten. Der Brief, der uns aber jetzt erreichte, schlug wie eine Bombe ein! Darin fragte eine Schwester unserer Mutter, ob sich Paul, so hieß unser Vater, schon bei uns gemeldet hätte. Er lebe und sei aus der Gefangenschaft entlassen worden. Er hatte, wie unsere Mutter auch, an alle Verwandten geschrieben. So schloss sich ein Kreis. Wir weinten und lachten, konnten es gar nicht fassen! Unser Vater lebte! Doch damit traten aber auch schon wieder neue Probleme auf. Wir hatten unseren Entlassungsbescheid bereits erhalten. Unser Transport sollte nach Süddeutschland gehen, unser Vater aber lebte in Ostdeutschland. Schweren

Herzens ließ meine Mutter unsere Angelegenheit zurückstellen. Es kam nun zu einem regen Briefwechsel zwischen unseren Eltern. Wir wollten, dass auch unser Vater mit nach Süddeutschland kommt. Doch unsere Briefe und all unser Bitten halfen nichts. Mein Vater hatte sich inzwischen an seinem Wohnort eingelebt und dort auch Arbeit gefunden. In Süddeutschland hätten wir alle neu anfangen müssen. Deshalb beschlossen meine Eltern, dass meine Mutter mit uns zu unserem Vater zu kommen sollte. Dafür mussten nun alle Papiere auf einen neuen Transport umgeschrieben werden. Da es nun nach Ostdeutschland, in die russisch besetzte Zone, gehen sollte, dauerte alles noch länger. Nach dem Ende des Krieges war Deutschland in vier Zonen aufgeteilt worden. Jede der Siegermächte beanspruchte nun einen Teil für sich, einen die Amerikaner, einen die Franzosen, einen die Engländer und einen die Russen.

Eine Baracke nach der anderen leerte sich. Endlich kam auch für uns der Tag der Abreise. Wir nahmen Abschied von Freunden und Bekannten. Es war ein eigenartiges Gefühl. Zwei Jahre waren wir hier interniert, als sich plötzlich auch für uns im Mai 1947 die großen Tore öffneten. Aber war das jetzt die Freiheit? Wohin würde uns diese Fahrt führen? Es war, wie so oft in der letzten Zeit, alles ungewiss.

Ein Zug fuhr uns quer durch Dänemark zur Küste nach Gedser. Ein Alptraum für mich: Denn hier stand eine Fähre, die unseren Zug transportieren sollte. Erneut ergriff mich Panik: Wieder ein Schiff, wieder aufs Wasser! Der Zug fuhr mit uns auf die Fähre. Während der Fahrt durften wir im Zug bleiben. Helfer des Internationalen Roten Kreuzes betreuten uns. Es war ein Proviantwagen dabei, der uns bis zum Ende dieser Fahrt begleiten sollte. Die Überfahrt dauerte nicht lange. Bald liefen wir in den Hafen von Rostock ein. Endlich, endlich wieder deutscher Boden unter unseren Füßen! Nach diesen zwei langen Jahren - es war ein unbeschreibliches Gefühl! Wir waren innerlich so aufgewühlt, dass uns die Tränen in Bächen über das Gesicht rannen.Doch niemand stand am Hafen, um uns willkommen zu heißen. Was für ein trauriges Wiedersehen mit der deutschen Heimat! Zum ersten Mal begegneten uns hier Russen. Dieser Teil Deutschlands war die russisch besetzte Zone. Auch der Hafen war besetzt. Jedes Schiff, auch das unsrige, wurde genauestens kontrolliert. Dabei wurde unser Proviantwagen entdeckt. Sofort fuhren russische Lastwagen vor, und unsere Verpflegung wurde umgeladen. Essen ade! Waggon wurde nun an einen Zug angekoppelt, und los ging die Fahrt. Wieder einmal kannten wir das Ziel unserer Reise nicht. Wir fuhren durch zerstörte Orte, auf den Feldern waren vereinzelt Bauern bei der Arbeit zu sehen. Nach einer für uns schier endlosen Zeit hielt der Zug. Waren wir jetzt am Ziel? Wir stiegen aus. Jeder nahm wieder sein Bündel, in den zwei Jahren Gefangenschaft hatten wir wieder etwas Kleidung ansammeln können, und machten uns auf den Weg. Wir hatten noch eine Strecke zu laufen. Was wir dann zu sehen bekamen, verschlug uns die Sprache. Mit vor Schreck geweiteten Augen sahen wir ein großes Tor. Es öffnete sich, wir gingen hindurch – das kannten wir ja schon. Es war wieder ein Gefangenenlager – ein so genanntes Durchgangslager. Wieder bekamen wir Platz in einer Baracke zugewiesen und diverse Zettel in die Hand gedrückt. Beklemmend! Unsere Heimkehr hatten wir uns wahrlich anders vorgestellt. An diesem ersten Tag hatten wir noch etwas Zeit und Ruhe, um uns einzugewöhnen. Die nächsten Tage waren gefüllt von einem vollen Programm. Mit unseren gesamten Papieren, die unsere Mutter stets bei sich trug, mussten wir zur Registratur. Wir wurden jetzt wieder Deutsche. Mit Schulungen und Vorträgen wurden wir darauf vorbereitet, was von uns künftig erwartet würde und wie wir mit dem Leben in Freiheit umzugehen hätten. Es würde ein anderes Leben sein als vor dem Krieg und im Lager. Von einer unbeschwerten Kindheit war dabei jedoch nicht die Rede...

Wir waren als Verlierer des Krieges in der russischen Zone gelandet. Zuerst mussten wir uns der „Entnazifizierung" unterziehen!

Nach zwei Jahren bekamen wir zum ersten Mal wieder Geld in die Hand und mussten lernen, damit umzugehen. Ausgestattet mit Einkaufszettel und Geld, mussten wir einkaufen gehen und anschließend alles genau abrechnen. Zwei Jahre lang hatten wir uns mit diesen Dingen nicht beschäftigen müssen, es fiel uns schwer, weltfremd wie wir geworden waren, damit klar zu kommen.

Auch in diesem Lager wurde unserer Gesundheit besondere Beachtung geschenkt. Wir mussten ständig irgendwelche Impfungen über uns ergehen lassen. Wieder hatte ich Angst davor, wieder stellte ich mich in der Schlange ganz hinten an, wieder erreichte ich damit lediglich, dass sich meine Leidenszeit dadurch verlängerte, geimpft wurde ich trotzdem. Die Angst vor Impfungen hat mich mein ganzes Leben lang begleitet. Wenn wir auch nicht viel Zeit zum Spielen und Herumstöbern hatten, so entdeckten wir Kinder eines Tages doch eine Baracke, die entsetzlich stank. Was es mit ihr auf sich hatte, sollten wir bald zu spüren bekommen. Sie war nämlich unsere nächste Station. Mit unserer gesamten Kleidung wurden wir dorthin beordert – es war die Entlausungsbaracke. Streng getrennt nach Männlein und Weiblein wurden wir in einen größeren Raum geschickt, in dem wir uns vollständig entkleiden mussten. Danach gingen wir mit unseren Sachen in eine „Schleuse", wo wir mit unserer Kleidung mit Desinfektionsmittel besprüht wurden. Es war sehr unangenehm, stank und brannte am ganzen Körper. Anschließend durften wir kurz duschen und uns wieder anziehen. Es stank noch tagelang. Die ganze Prozedur mussten wir kurz vor unserer Entlassung dann noch einmal über uns ergehen lassen. Danach folgte noch ein Gesundheitscheck, und wir hatten alle Lagerbedingungen erfüllt. Der Endspurt zur Entlassung war damit eingeläutet worden.

Unseren Papa hatte man von dem Zeitpunkt unserer Entlassung in Kenntnis gesetzt. Die letzten Maßnahmen wurden getroffen, die Sachen gepackt und die Entlassungspapiere abgeholt. Am 27. Mai 1947 war es dann soweit. Das war der Tag, der uns die Freiheit brachte, die Entlassung aus dem Umsiedlerlager Küchensee/Storkow. Ausgestattet mit Fahrkarten, Geld, einem Verpflegungsbeutel und einem provisorischen Fahrplan, der uns Auskunft darüber gab, wann und wo wir umsteigen mussten, wurden wir, noch immer hilf- und schutzlos, in unser neues Leben geschickt. Von Minute zu Minute wuchs unsere innere Unruhe und auch die Aufregung. Würden wir auch dort ankommen, wo wir hin wollten?

Wir fuhren unserer neuen Heimat entgegen. Wird es denn eine neue Heimat für uns geben? Jeder von uns saß still und etwas verstört auf seinem Platz. Der Zug ratterte unserem Ziel entgegen. Endlich hielt er im Bahnhof Angermünde. Das war der Ort, an dem wir das erste Mal nach all der Zeit unseren Vater treffen sollen.

Unsicherheit, Ängstlichkeit, Freude, all das konnte man unseren Gesichtern ablesen. Wir nahmen unsere Siebensachen und verließen den Zug.

Ich stand plötzlich einem fremden Mann gegenüber – meinem Vater. Meine Mutter und meine Brüder erkannten ihn sofort, ich nicht. Verstört und weinend klammerte ich mich an meine Mutter. Alle schlossen sich überglücklich in die Arme – doch ich konnte das nicht. Drei Jahre hatte ich meinen Vater nicht gesehen. Als ich ihn das letzte Mal sah, war ich neun, jetzt war ich schon zwölf Jahre alt. Die Hand meiner Mutter fest umklammernd, warf ich ab und zu einen scheuen und verstohlenen Blick auf meinen Vater. Wir stiegen in einen Vorortzug um, der uns an unseren Bestimmungsort bringen sollte. Meine Brüder redeten alle durcheinander, und meine Eltern waren wohl sehr glücklich. Ich saß wie unbeteiligt da, verfolgte aber alles mit Augen und Ohren. Erst nachdem meine Mutter mir immer und immer wieder beruhigend zugeredet hatte, löste sich meine Erstarrung. Für meinen Vater und mich war es ein sehr beglückender Moment, als ich mich dann doch durchringen konnte, auf ihn zuzugehen, und wir uns endlich in die Arme schließen konnten. Dann lief der Zug in den Schwedter Bahnhof ein. Für uns war hier Endstation. Ein Kriegskamerad meines Vaters holte uns mit einem Pferdefuhrwerk ab. Wir fuhren unserer neuen Heimat entgegen. Aber wird das auch wirklich unsere neue

Heimat? All dieses Fremde bedrückte mich. Die fremden Menschen, die fremde Umgebung, was würde uns hier erwarten?

Wir erreichten einen größeren Ort, eine Kleinstadt namens Vierraden. Auch hier hatte der Krieg seine Spuren hinterlassen. Viele Gehöfte waren zerstört. Ein Teil war jedoch unbeschädigt. Wohin würden wir kommen? Mein Vater hatte dieses Problem mit Hilfe der Stadtverwaltung bereits gelöst. Er hatte einen Einweisungsschein bekommen, der uns eine Unterkunft auf einem Bauernhof zuwies. Wir machten uns auf den Weg zu diesem etwas abgelegenen Hof. Die Bauersleute nahmen uns in Empfang. Unfreundlich musterten sie uns von oben bis unten. Es war bestimmt ein armseliger Anblick, denn wir hatten ja kein Gepäck, nur ein paar Kleidungsstücke, ach und nicht zu vergessen, unseren Kochtopf, den wir die ganze Zeit mitgeschleppt hatten. Sie zeigten uns ein Zimmer, worin sich ein Schrank, ein Tisch, sechs Stühle und drei Schlafgelegenheiten befanden. Kochen durften wir in der Wasch- und Futterküche auf dem Hof. Dort fanden wir auch etwas Besteck und Geschirr… Das war nun unsere Heimkehr! Wir waren sehr niedergeschlagen. Waren unsere Erwartungen zu hoch gewesen? Unser Leben begann jetzt wieder bei Null. Es folgten die Anmeldung in der Bürgermeisterei und meine Anmeldung zur Schule. Außerdem bekamen wir einen Kredit in Höhe von 500,- Mark, Bezugsscheine für Lebensmittel, Seife und Bekleidung.

Viele Bewohner des Ortes ließen uns ihre Abneigung spüren. Hier waren wir die Fremden, die Flüchtlinge. Wir gehörten nicht dazu. Gegen sie, die Bauern, die ihre Gehöfte und ihre Heimat behalten hatten, waren wir ein Nichts. Mussten denn nur wir für die Folgen des Krieges einstehen??? Aber es gab auch in diesem Ort hilfsbereite Menschen. Sie brachten uns Kleidung, Wäsche, Hausrat und vieles mehr, sogar Lebensmittel. Nach einigen Tagen der Eingewöhnung nahmen meine Eltern und meine Brüder eine Arbeit auf dem Bauernhof auf, der dem Kriegskameraden meines Vaters gehörte. Schließlich galt es ja jetzt, für unseren Lebensunterhalt zu sorgen.

Ich musste von nun wieder zur Schule gehen. Ängstlich und scheu machte ich mich am ersten Tag dorthin auf den Weg. Aber es ging besser, als ich gedacht hatte. Der Weg war ziemlich weit und auf dem Rückweg trödelte ich so vor mich hin. Ich wollte nicht so schnell wieder auf dem Hof in unserem Zimmer sein. Dort fühlte ich mich nicht wohl. Ich hoffte, dass wir dort nicht lange bleiben müssen. Nach der Schule und den Hausaufgaben war es meine Aufgabe, das Zimmer aufzuräumen. Außerdem war ich für die Küche verantwortlich. Das alles machte mir nichts aus. Aber ich war immer allein, dabei hätte ich so gern eine Freundin zum Spielen gehabt. Schließlich war ich ja noch ein Kind! Alle kleinen Freundschaften zerbrachen, da der Weg zum Ort zu weit war.

Niemand besuchte mich. Manchmal dachte ich mit Sehnsucht an die Zeit im Lager, wo wir eine große Gemeinschaft waren, die das gleiche Schicksal und das gleiche schwere Los verband. Niemand sah dort auf uns herab. Alle waren Flüchtlinge. Man hatte bei Problemen immer jemanden zum Reden.

Für den Aufbau unseres neuen Lebens, musste auch ich in den Sommerferien meinen Beitrag leisten. Gemeinsam mit meinen Eltern und Brüdern ging ich dann zur Arbeit auf dem Bauernhof. Die Aufgabe für uns Kinder bestand unter anderem im Ährensammeln. Die gesammelten Ähren wurden abgegeben, und dafür bekamen wir dann Mehl. Eine große Ernte stand bevor, die Tabakernte. Doch sollte ein zwölfjähriges Kind schon so hart arbeiten? Es hatte doch ganz andere Träume und Vorstellungen! Wir waren also jetzt Planteure. So wurden Leute wie wir genannt, die kein eigenes Land hatten. Der Bauer stellte sein Land zur Verfügung und bereitete es vor. Das Pflanzen, Hacken und Ernten übernahmen wir. Der Erlös aus dem Ertrag wurde dann geteilt, einen Teil erhielt der Bauer, den anderen Teil wir. Bis es soweit war, musste sehr viel Arbeit geleistet werden. Im Mai wurde der Tabak gepflanzt. Die Pflanzen waren so klein wie Salatsetzlinge, es waren Hunderte solcher kleinen Pflänzchen, die alle in gebückter Haltung in den Boden gebracht werden mussten. War es zur Pflanzzeit sehr trocken, musste jede einzelne Tabakpflanze mit der Gießkanne angegossen werden. Das alles in Handarbeit zu erledigen, war sehr hart und zeitaufwändig. Da Unkraut bei jedem Wetter wächst, musste bis zur Ernte mehrfach gehakt und gejätet werden. Der Tabak wuchs heran. Damit die Blätter sich entwickeln konnten, wurden die Pflanzen geköpft, also die sich gebildeten Blütenköpfe ausgebrochen. Im August/September konnte der „Schwarze Aust", so nannte man hier die Tabakernte, beginnen. Hierzu wurden die Blätter abgebrochen, anschließend gebündelt und mit dem Fuhrwerk in die Scheune gebracht. Am Nachmittag begann dann der „gemütliche Teil". Die Tabakblätter wurden mit großen Nadeln auf Schnüre gezogen und dann zum Trockengerüst gebracht. Die Tabakernte war eine sehr schwere und dreckige Arbeit – ich hasste sie. Schwarzes Pech, das dem Tabak anhaftete, klebte am ganzen Körper und an der Kleidung.

Bis zum November/Dezember hing der Tabak am Trockengerüst, danach wurde er verkauft. Auch wir freuten uns, endlich den Lohn für fast ein Jahr Arbeit zu erhalten. Mein Bruder ging zum Schuppen, um schon mit der Arbeit zu beginnen. Nach kurzer Zeit war er wieder zu Hause, völlig verstört. Was war geschehen? Der Schuppen, in dem unser Tabak hing, war leer. Der Tabak war weg, alles gestohlen. Die ganze Arbeit war umsonst. Unsere Mutter weinte nur noch.

Mein Vater und ich bei der Begutachtung der Tabakernte

Das Eigenartige an dieser Sache war, dass Einwohner des Ortes zu Wachen eingeteilt worden waren, die nachts Kontrollgänge in den Schuppenanlagen unternahmen. Der meiste Tabak war jedoch bereits verkauft, nur noch 2-3 Schuppen waren noch nicht geleert. Die Wachen wurden eingestellt. In der Nacht darauf wurde von einer „Schieberbande" dann ganze Arbeit geleistet. Wir standen mit leeren Händen da. Nicht ganz! Anfang Juni wurden die ersten Mohrrüben geerntet und gut verkauft. Dafür mussten wir aber ziemlich oft um 3.00 Uhr nachts aufstehen, aufs Feld gehen und die Mohrrüben ziehen. Um 6.00 Uhr musste ich zurück nach Hause, mich waschen, umziehen, mit dem Fahrrad nach Schwedt zum Bahnhof und dann weiter mit dem Zug nach Angermünde fahren, wo ich eine Lehre zur Verkäuferin bei der HO (Handelsorganisation) absolvierte. Entweder musste ich zur Berufsschule oder ins Geschäft. An ein Jugendschutzgesetz war damals nicht zu denken.

Wenn ich mich heute an die Zeit in Vierraden erinnere, denke ich eigentlich immer nur an arbeiten, arbeiten, arbeiten.... Meine Eltern und Brüder kamen abends todmüde und kaputt nach Hause. Waschen, ins Bett fallen, schlafen... An ein Familienleben war nicht zu denken. Jeder musste mit seinen Problemen allein fertig werden. Wir brauchten doch das Geld!

Zum Spätherbst hatten wir es geschafft, dass wir in eine neue Wohnung umziehen konnten, die wir ganz für uns allein hatten. Zwei Zimmer und eine richtige Küche! Sogar ein Stall für etwas Vieh gehörte dazu. Was waren wir glücklich – am meisten ich! Nun war mein Schulweg nicht mehr so weit und auch meine Spielkameraden waren in der Nähe. Anfangs habe ich meine Brüder um ihr eigenes Zimmer beneidet, denn ich schlief bei meinen Eltern im Zimmer. Aber ich sah ein, dass wir so alle mehr Platz hatten. Langsam zog wieder etwas Normalität in unser Leben ein. Heute zolle ich meinen Eltern größten Respekt dafür, wie sie all das geschafft haben und es ihnen außerdem gelungen ist, uns Kinder trotz der damaligen widrigen Umstände zu ordentlichen Menschen zu erziehen. Ich muss aber auch gestehen, dass Vierraden für mich nie eine richtige Heimat geworden ist. Es ging uns Geschwistern wohl allen so, denn keiner von uns ist später in dieser Kleinstadt geblieben. Meine Eltern wohnten bis an ihr Lebensende in diesem Ort. Ihnen gefiel es dort, wo sie auch ihren Freundeskreis hatten. Möglicherweise hat sie aber auch die Dankbarkeit meines Vaters gegenüber seinem Kriegskameraden, der uns so sehr geholfen hatte, dort gehalten....

Später, 1957, lernte ich meinen jetzigen Mann kennen, heiratete ihn und zog mit ihm in die Nähe von Bernau (bei Berlin). Unser Grundstück mit einem kleinen Häuschen, dicht am Wald gelegen, wurde für mich mein Zuhause. Hier fühlte ich mich von Anfang an wohl – es ist mir eine neue Heimat geworden. Die schlimmen Erinnerungen, immer wieder wachgerufen durch Worte wie *Umsiedler, Flüchtlinge, Fremde*, verblassten mit der Zeit. Hier war und bin ich ein Mensch, wie alle anderen auch. Doch so ganz kann man die Erinnerungen nicht ausblenden. Saßen wir in besinnlichen Stunden beisammen, wurde oft von „früher" erzählt, von dem schrecklichen Krieg, von der Heimat. Immer wenn ich von meinen Erlebnissen erzählte, wurden die Erinnerungen, Träume und Sehnsüchte an Pommern, meine alte Heimat, wieder wach. Zu DDR-Zeiten war es äußerst schwierig, Verbindungen dorthin herzustellen. Mein Mann war durch unsere Gespräche jedoch schon sehr neugierig geworden und spürte meinen starken Wunsch, all das wiedersehen zu wollen. Wie aber sollten wir dort hinkommen?

Mein Traum sollte in Erfüllung gehen. Endlich, nach etlichen Jahren Wartezeit, erhielten wir unser erstes Auto, einen Trabant. Wir waren unendlich froh, hatten wir doch damit schon mal das Transportproblem gelöst. Die Reise nach Polen war nun unser Gesprächsthema Nr. 1. Eine weitere Hürde, nämlich das Einreisevisum zu bekommen, war allerdings noch zu nehmen. Nach einiger Zeit wurde uns auch das Einreisevisum erteilt. Nun gab es für uns kein Halten mehr. Jede Menge Vorbereitungen standen ins Haus. Wir waren alle sehr aufgeregt, auch unser Sohn, am meisten aber ich. Auto- und Landkarten wurden angesehen, Bekannte besorgten uns Atlanten vom früheren Pommern. Die Fahrtroute wurde zusammengestellt, die Kilometer errechnet. Es gab keinen anderen Gedanken mehr. All unsere Freunde, Bekannten und sogar meine Eltern erklärten uns für verrückt: Wie kann man denn nach Polen fahren? Wer weiß, was euch dort erwartet! Werdet ihr wohl je wieder heil und gesund nach Hause kommen? Lasst doch die Vergangenheit ruhen...! Doch keiner konnte uns von unserem Vorhaben abbringen!

Wir teilten unseren Verwandten, ich hatte noch eine Tante in Polen, unsere Ankunft per Post mit. Alles war bereits abgeschickt. Das Auto war gepackt. Noch einmal holten wir tief Luft und es ging los. Es regnete in Strömen! War das nun ein gutes oder ein schlechtes Zeichen? Egal!

Bis Stettin lief alles gut. Danach waren alle Straßenschilder auf Polnisch, wir mussten umdenken, waren aber auch darauf vorbereitet. Wir hatten uns einen „Fahrplan" erstellt, in dem wir alle größeren Orte bereits mit polnischem Namen vermerkt hatten. Es war meine Aufgabe als Beifahrer, die Namen zu entziffern, was auch ganz gut klappte. Auf der Fahrt kamen uns, neben den Polen, auch viele deutsche Autos entgegen. Es waren „Verrückte" wie wir! Wir begrüßten uns mit Winken und Hupen. Pausen legten wir auf Feld- und Waldwegen ein.

Endlich! Wir hatten unser Ziel, den Ort Reckow, ohne Pannen, heil und glücklich erreicht. Was gab es da für eine stürmische und tränenreiche Begrüßung! In Windeseile hatte es sich im Dorf herumgesprochen, dass die Deutschen angekommen seien. Meine Eltern stammten ja aus diesem Ort, auch ich wurde hier geboren. Jeder wollte nun mit uns verwandt sein und mit uns sprechen. Alle brachten eine Kleinigkeit mit, sei es nun ein Fisch, ein paar Eier, Wurst, Wodka… Meiner Tante wurde der ganze Trubel dann doch etwas zu viel. Sie schloss einfach das Haus ab, da wir ja auch Zeit für uns haben wollten. Es gab so viel zu erzählen, und wir waren müde von der langen anstrengenden Fahrt. Am nächsten Tag kamen die Nachbarn wieder. Jüngere Leute, die meine Brüder, ältere, die meine Eltern gekannt hatten. Ich kannte sie alle nicht. Als die Flucht begann, war ich noch zu klein.

Am dritten Tag hielt mich nichts mehr in Reckow. Ich wollte endlich nach Platenheim, in das Dorf meiner Kindheit. Mein Cousin führte uns dorthin. Der Weg war zwar nicht weit, ca. 5 Kilometer, aber ich konnte mich nicht mehr erinnern. Früher sind wir mit unseren Eltern durch den Wald gegangen. Dieser Weg war kürzer und für uns Kinder viel interessanter. Je näher wir dem Dorf kamen, umso mehr verließ mich meine Beherrschung. Tränen schossen mir in die Augen, die Erinnerungen wurden wieder wach. Was ich nun zu sehen bekam, ließ all meine Träume zerplatzen wie eine Seifenblase. Ich stand der Realität gegenüber. So hatte ich mir die Ankunft in „meinem" Platenheim nicht vorgestellt!

Zwanzig Jahre sind eine sehr lange Zeit. Alles hatte sich verändert, die Umwelt, die Natur, ja und auch ich war kein Kind mehr. Der See, unser Lieblingsspielplatz, sah jetzt so klein aus, die Bäume und Sträucher waren dagegen sehr groß. Alles war anders und mir jetzt so fremd. Wir betraten das Gehöft, auf dem wir einst gewohnt hatten. In meiner Erinnerung war es ein gepflegtes Gutshaus, doch jetzt sah es halb verfallen aus. Unsere damalige Wohnung konnten wir nicht mehr betreten, denn die Fenster und Türen waren mit Brettern vernagelt. Die Stallungen, die Scheunen, alles ist verrottet! Wir fuhren weiter durch den Ort. Mit einer tiefen Traurigkeit erinnerte ich mich noch an dieses und jenes. Hier stand dies, da das. Besonders aufgefallen ist mir, dass zwei der großen Bauerngehöfte unbewohnt waren. Sie hatten damals irgendetwas Geheimnisvolles für uns Kinder. Es waren dunkle wuchtige Holzhäuser und sie hatten lang heruntergezogene Strohdächer. Es wohnten damals Generationen darin. Jetzt war alles dem Verfall preisgegeben. Hier hatte wohl der Krieg mehr als nur Häuser und Städte zerstört. Durch die Flucht über das Stettiner Haff, durch den Beschuss in den Häfen, durch den Untergang vieler Flüchtlingsschiffe sind ganze Familien, ganze Generationen ausgelöscht worden. Auf den Bauerngehöften wird nie wieder ein junger Bauernsohn sein Land bewirtschaften und keine neue Generation heranwachsen. Häuser und Städte kann man wieder aufbauen, aber diese Menschen kann niemand wieder zurückbringen. Eine Frage begleitet mich mein ganzes Leben: Wozu dieser Krieg? Später besuchten wir noch den Friedhof. Ich wollte an Walterchens Grab ein Gebet sprechen, doch ich konnte das Grab nicht mehr finden.

Ich bin etliche Jahre nicht mehr in mein Dorf gefahren, dem Verfall zusehen zu müssen, schmerzte zu sehr. Es war nicht mehr das Platenheim aus meiner Kindheit, nicht mehr das kleine idyllische Dorf. Traurig und deprimiert fuhren wir nach Reckow zurück. Mein Mann tröstete mich damit, dass wir ja bald wieder nach Hause fahren würden, in unsere kleine Welt – unsere Heimat.

Lange ließ ich den Kopf jedoch nicht hängen, es gab noch so viel, was ich meinem Mann zeigen wollte. Unser Sohn blieb lieber bei der Verwandtschaft und spielte dort mit den polnischen Kindern. Es war schön, den Kindern zuzusehen, wie schnell sie Kontakt fanden und sich auch ohne Sprachkenntnisse verstanden. Unsere Reise in die Vergangenheit wurde nun doch noch sehr schön. Wir wanderten viel und besuchten das Elternhaus meines Vaters. Es stand mitten im Wald. Wir machten Rast an tiefen dunklen Seen, genossen die Ruhe, kein Mensch begegnete uns. Das alles zog uns so in seinen Bann, dass wir uns in Polen „verliebten". Seitdem führt es uns jedes Jahr wieder dorthin.

Später sahen wir, wie sich Platenheim von Jahr zu Jahr erholte. Es wurden neue Häuser gebaut. Die großen Bauerngehöfte blieben weiter unbewohnt. Es sind nur noch Trümmerreste vorhanden. Bald werden auch sie von Bäumen und Sträuchern überwuchert sein. Wir haben viele Menschen kennen gelernt, die unsere Freunde wurden. Die Gastfreundschaft der Polen hat uns immer wieder beeindruckt.

Meine Eltern waren nun doch neugierig geworden. Wir nahmen sie auf einer unserer Reisen mit. Die Freude, ihre Schwester zu sehen, war bei meiner Mutter groß. Als wir dann jedoch mit ihr nach Platenheim fahren wollten, weigerte sie sich mitzukommen. Das Wiedersehen hätte sie wohl doch nicht verkraftet. Mein Vater dagegen wollte noch einmal alle ihm vertrauten Orte wiedersehen. Wir besuchten das mitten im Wald stehende Haus seines Vaters. Es stand wirklich nur ein einziges Haus dort, ein Grenzhaus. Auch der Försterei, die vor dem Krieg meinem Onkel gehörte, statteten wir einen Besuch ab. Hier verlebten wir früher mit meiner Cousine schöne Zeiten. Wir besuchten unsere Schule und auch Platenheim wollte mein Vater sehen. Später wanderten meine Tante, mein Onkel und ein Cousin nach Westdeutschland aus.

Bei Freunden fanden wir neues Quartier auf einem Bauernhof. Dieser Urlaub sollte für uns ein tolles Erlebnis werden! Wir kamen am späten Nachmittag an und wurden sehr freundlich begrüßt. Der Tisch war reich gedeckt. Die Wirtsleute sprachen deutsch, welch ein Vorteil für uns. Langsam wurde es dunkel, aber keine Lampe ging hier an. Hier gab es noch keine Elektrizität. Später wurden Petroleumlampen entzündet. Das war etwas Neues für uns. Wo gab es denn so was noch Mitte der sechziger Jahre? Auch eine Wasserleitung war nicht vorhanden. Das Wasser musste von draußen geholt und per Hand gepumpt werden. An der Pumpe haben wir uns auch gewaschen. Das Wasser war lausig kalt, was uns nicht weiter störte, denn wir waren jung und abenteuerlustig. Die Toilette befand sich ebenfalls außerhalb, irgendwo auf dem Hofgelände. Der Hof war nicht eingezäunt. Die Hunde, zu denen sich abends auch noch die der Nachbarn gesellten, liefen mit dem Kleinvieh frei herum.

Das Haus von Oma Marie

Wir saßen mit Oma Marie im Zimmer und unterhielten uns. Sie war jetzt unsere Bezugsperson, über die wir das Visum für die Einreise nach Polen erhielten. Wir waren zwar nicht direkt mit ihr verwandt, gaben aber bei den DDR-Behörden an, dass sie unsere Verwandte sei. Doch wenn man es ganz genau betrachten würde, fände man ihren Namen bestimmt irgendwo in meinem Stammbaum. Sie erzählte uns von ihrem Haus. Sie hatte es mit ihrem Mann vor vielen Jahren allein aufgebaut. Wir waren vollkommen fasziniert. Sie hatten das Holz im Wald gefällt, Bohlen und Bretter selbst gesägt, Nägel wurden damals nicht verwendet. Es wurde Lehm verrührt, und so entstand nach und nach dieses Haus. Wir, und besonders unser Sohn, lauschten dieser Erzählung voller Spannung.

In diesem alten kaschubischen Bauernhaus haben wir viele Jahre unseren Urlaub verlebt. Nach dem Tod des Bauern und von Oma Maria zogen jüngere Leute in das Haus, das Dach und die Außenwände wurden erneuert - so sieht es heute aus

Plötzlich schepperte es! Es war ein Geräusch wie ein Donnerschlag oder ein Erdbeben. Vorbei war es mit der Ruhe. Wir schraken aus unserer Versunkenheit hoch und starrten uns an. Oma Marie klärte uns auf: Die Jungbäuerin brachte das Vieh von der Weide, jetzt, fast mitten in der Nacht. Die Erde bebte, donnerte und dröhnte. Es musste wohl so sein, wenn ca. 120 Schafe und 10 Kühe auf ihren Stall zu galoppierten. Die Kühe wurden noch gemolken und die Milch für den nächsten Tag zum Abtransport vorbereitet. Danach gab es Abendbrot, das man eigentlich eher als Mitternachtsessen bezeichnen konnte. Wir wurden darüber belehrt, dass auf einem Bauernhof die 1. Regel lautet: „Erst das Tier, dann der Mensch."

Schnell gewöhnten wir uns daran, hatten wir dadurch sehr viel Zeit, die Umgebung zu erforschen. Unser Sohn war selig! Er durfte mit dem Bauern auf dem Pferdewagen mitfahren, allein die Zügel halten und den Wagen lenken. Als Halbwüchsiger entdeckte er auch bald das Motorrad des Bauern und bettelte solange, bis er fahren durfte. Hier gab es ja nur Feldwege, Autos schon gar nicht. Von nun an sahen wir ihn nur noch, wenn er Hunger hatte. Er erkundete die Gegend auf seine Weise. Es war ein wunderschöner Urlaub. Wir waren nicht zum letzten Mal hier, sondern kamen viele Jahre immer wieder hierher. Dann verweigerte uns plötzlich die DDR-Regierung das Visum für Polen. Es war das Jahr der Solidarnosz-Bewegung. Wir hätten uns ja mit dem Virus „Freiheit" infizieren können. Im Jahr darauf war es eine Maul- und Klauenseuche, die alle Grenzen für den Reiseverkehr sperrte. Ausgerechnet in diesen beiden Jahren starben zuerst plötzlich der Bauer und kurz danach Oma Marie. Der Bauernhof wurde verpachtet. Wir konnten unseren Urlaub dort nicht mehr verleben. Wir hatten dann zwar ein neues Feriendomizil in der Stadt gefunden, doch das war nicht unsere Welt. Wir wollten wieder auf einen Bauernhof und fanden auch einen, dicht an einem See gelegen. Mit diesem Bauernhof hatten wir unsere Ferienidylle gefunden, Es war auch ein uraltes kaschubisches Haus. Man hatte immer das Gefühl, irgendwann bricht es über uns zusammen.

Ein über hundert Jahre altes kaschubisches Bauerhaus

Wir wohnten aber in einem kleinen Holzhäuschen. Unser Waschplatz war der See. Gekocht haben wir wie beim Camping auf einem Propankocher. Frei und ungezwungen verlebten wir unseren Urlaub. Nur ausschlafen konnten wir nicht. In den großen Bäumen saß jeden morgen der Kuckuck und rief lautstark seinen

Namen. Kamen wir aus unserer Hütte, flog er weg, er hatte erreicht, was er wollte. Dann wurde ein neues Haus gebaut. Mein Mann half nun tüchtig mit, es wurde jede Hand gebraucht. Wir freuten uns mit unseren Wirtsleuten auf das neue Haus. Endlich, endlich war es fertig. Bei unseren weiteren Besuchen brachten wir viele Dinge für die Einrichtung des neuen Heimes mit, welche mit Freude in Empfang genommen wurden. Nun hatten wir im neuen Haus ein Zimmer für uns. Für das alte Haus interessierte sich jetzt der Denkmalschutz. Dieses alte Haus wurde dann teilweise abgebaut und in einem Museumsdorf wieder aufgebaut.

Unser neues Feriendomizil

Bei unseren polnischen Freunden gehörten wir nun schon zur Familie. Wir wurden zu Hochzeiten eingeladen, die drei Tage dauerten. Der Pole sagt: „Hochzeit ist einmal, Not ist immer!". Wir erhielten Einladungen zu Kommunionen, wo die kleinen Mädchen aussehen wie kleine Bräute, und wo an diesem Tag kein Alkohol getrunken werden darf, aber auch zu Beerdigungen, bei denen die Polizei die Straßen sperrt, damit der Trauerzug ungestört und unbeschadet den Friedhof erreicht...

Die Kommunionsfeier von unseren Bekannten

Diese Beschaulichkeit, die dunklen geheimnisvollen Seen, die endlosen Wälder und die Ruhe ziehen uns immer wieder auf diesen Bauernhof am See. Jetzt fahren wir schon über 40 Jahre nach Polen, manchmal auch zwei- oder dreimal im Jahr.

Sind es die Erinnerungen?

Ist es Heimweh?

Ich weiß es nicht!

Zeitfracht Medien GmbH
Ferdinand-Jühlke-Straße 7
99095 Erfurt, Deutschland
produktsicherheit@kolibri360.de